GUERRA EN LA ALCOBA

El arte de discutir en pareja

Por qué, de qué y cómo discutir

*Para Bertoni
con mi bendición.
P. A. Ortega, L.C.*

ALEJANDRO ORTEGA TRILLO

LIBROS
LIGUORI

Imprimi Potest:
Stephen T. Rehrauer, CSsR
Provincial de la Provincia de Denver
Los Redentoristas

Publicado por Libros Liguori
Liguori, MO 63057-9999

Publicado anteriormente por Editorial El Arca, S.A. de C.V., México, D.F.

Para hacer pedidos llame al 800-325-9521.
www.liguori.org
www.librosliguori.org

Portada: Alejandra Astiazarán y Ana Lucía Valdés
Libros Liguori, una corporación sin fines de lucro, es un apostolado de los Padres y Hermanos Redentoristas. Para más información, visite Redemptorists. com.

Impreso en Estados Unidos de América
17 16 15 14 13 / 5 4 3 2 1

Primera edición en los Estados Unidos de América

ÍNDICE

Introducción 7

POR QUÉ DISCUTIR

1. **Dos versiones de "lo humano".** El misterio de
   la complementariedad 17

2. **Con el enemigo en casa.** El poder del egoísmo 25

3. **Quién tiene la culpa.** Cuando el problema
   es uno… 31

4. **El campo de batalla.** Los factores no personales 37

EL FONDO: GRANDES TEMAS Y TONTERAS

5. **Una visión de la vida.** Fe, religión
   y espiritualidad 47

6. **El rostro familiar.** Las tradiciones 53

7. **Intimidad.** Por si dejaste a Dios fuera
   de la alcoba 59

8. **Los hijos.** El don de la procreación................................ 71

9. **El arte de educar.** Principios generales......................... 85

10. **La escuela.** Orientar y respetar
    el rumbo de los hijos 97

11. **Dinero.** Las finanzas matrimoniales............................. 105

12. **Política familiar** o la familia política............................ 113

13. **Malabarismos de la vida.** Familia, trabajo
    y sociedad 123

14. **Las tonteras** y el capital emocional 131

HACIA UNA GUERRA PACÍFICA
LA FORMA: ACTITUDES, HABILIDADES
Y TÉCNICAS MATRIMONIALES

15. **Amistad matrimonial.** Las actitudes correctas 141

16. **El amor no basta.** Habilidades matrimoniales............. 151

17. **La discusión sinérgica.** El fruto de discutir bien........ 161

18. Tregua. La separación terapéutica 171

19. Reconstruyendo. La renovación matrimonial............ 177

20. Pedir refuerzos. El poder de la oración........................ 181

Conclusión 189

INTRODUCCIÓN

Discutir es bueno; mucho más de lo que se pueda pensar. La clave es discutir bien. La diferencia entre los matrimonios sanos y los enfermos no es cuánto discuten sino cómo discuten. En otras palabras, discutir no es síntoma de una enfermedad, sino la expresión de una realidad viva, palpitante, en constante desarrollo, ajuste y crecimiento, llamada matrimonio.

Este libro es una apología de la discusión matrimonial. En él pretendo valorar no sólo los beneficios prácticos sino también las bondades profundas de una sana discusión. Éste no es un libro sobre la "comunicación" o el "diálogo" en pareja. El tema es más específico: ese tipo particular de comunicación o diálogo en el que salta al escenario *la diferencia* de visión, percepción, opinión, deseo, aspiración o decisión entre el hombre y la mujer. La vida matrimonial y familiar es un flujo constante de situaciones, dilemas y problemas que exigen solución. Fuera de las dictaduras, la mejor manera de resolver la vida diaria es discutir de manera serena, objetiva y madura. En esto consiste —conviene decirlo desde ahora— *el arte de discutir.*

Muchos creen que discutir es sinónimo de "pelear". No los culpo. Quizá es lo que la experiencia les ha enseñado. Al discutir, no pocos se exasperan, se irritan, incluso se agreden; pero podría y debería no ser así. Discutir es dialogar sobre un tema que plantea, es cierto, un desacuerdo inicial, una contraposición como punto de partida. El acento al discutir no hay que ponerlo, sin embargo, en el *desacuerdo*, sino en la *relación interpersonal* que éste provoca y que se convierte en vínculo, comunión, intercambio y enriquecimiento recíproco. Que las discusiones degeneren en pleito, enojo y agresión debería ser sólo "por accidente". Uno de los *objetivos* de este libro es que esto suceda cada vez menos.

Ahora bien, la discusión matrimonial posee riquezas que rebasan por mucho la mera finalidad resolutiva. Discutir es desahogar lo que se trae dentro, lo cual es tan o más importante que resolver el problema. Discutir permite desfogar presiones y fomentar nuevos equilibrios personales y en la pareja. Una discusión bien llevada tendría que ser una experiencia catártica; es decir, liberadora de sentimientos, emociones y tensiones.

Algunos piensan que discutir erosiona las relaciones interpersonales. Tienen razón, si se discute mal. Si se discute bien, la relación crece y madura, se integra y fortalece. Porque discutir es *vincularse*. Es una manera de relacionarse, de entrar en contacto, de profundizar la comprensión, aceptación y tolerancia recíprocas. Discutir es un vínculo tan importante como besarse, abrazarse, decirse palabras con carga afectiva, ayudarse, siguiendo la célebre lista de los lenguajes del amor de Gary Chapman[1]. De hecho, constituye uno de los ingredientes más comunes del *tiempo de calidad*.

Como tantas cosas en la vida, discutir bien es más un arte que una ciencia. Conviene, sin duda, reconocer el valor de las ciencias neurobiológicas, psicológicas y sociales, que hoy ofrecen rigurosas corroboraciones a tantas cosas que la "experiencia de la vida" había enseñado a las generaciones del

---

1   Cf. G. Chapman, *The 5 Love Languages*, Thorndike Press, 2005

pasado. Tienen sin duda su mérito, por ejemplo, las pacientes observaciones y los análisis del comportamiento matrimonial realizados en el así llamado "laboratorio del amor" ("*The Love Lab*") del Dr. John M. Gottman[2], por su valor científico, estadístico y predictivo. Nuestro libro se apoya, en parte, en tales observaciones, pero con un enfoque más fundamental por lo que toca a las bases antropológicas y teológicas de la relación matrimonial y, también, más específico y práctico en relación con el arte de discutir en pareja.

Discutir es un fenómeno de comunicación humana. En cuanto tal, comprende tres elementos esenciales: los interlocutores, los contenidos o mensajes y los medios o recursos de comunicación. Es decir, en toda discusión matrimonial pueden distinguirse tres aspectos: quienes discuten (los esposos), de qué discuten (el fondo) y cómo discuten (la forma). Las buenas o malas discusiones matrimoniales dependen, en definitiva, del dominio y control de los esposos, del conocimiento y manejo de los temas, y de las formas verbales y no verbales que utilizan.

Siguiendo la estructura de toda discusión, el libro se articula en tres partes. La primera trata sobre los *interlocutores*, es decir, el hombre y la mujer que protagonizan la discusión matrimonial. La segunda parte trata los principales *temas de discusión*, que constituyen el fondo de la discusión matrimonial. Abordaremos, en particular, seis grandes temas de discusión y luego las "tonteras" o temas menores, que no por ser tales son menos importantes. La última parte del libro se dedica a la *forma* o maneras de discutir, que incluye algunas habilidades, técnicas y recomendaciones prácticas que pueden ayudar a corregir o mejorar las discusiones en pareja. Como colofón, se ofrece un capítulo —que quizá debió ser el primero— sobre el

---

2   Cf. J.M. Gottman, *The Seven Principles for Making Marriage Work*, Orion, 2011

valor de la oración en la discusión matrimonial para concluir con un *Decálogo vital de la pareja.*

Típicamente, los libros sobre temas matrimoniales abundan en "casos". Es decir, narran historias reales de parejas con nombres ficticios para explicar situaciones, causas y consecuencias, y así aprender "en pellejo ajeno". En este libro acudo muy rara vez a la narración de casos. Estoy convencido de que cada matrimonio —incluso, cada pareja de novios, a medida que avanza su convivencia y conocimiento recíprocos— tiene sobrada experiencia sobre muchos de los temas recogidos en este libro. Lo he constatado muchísimas veces, tanto al atender parejas como al impartir conferencias sobre estos temas. Este libro quiere, por tanto, ayudarles a extraer de su experiencia particular —independientemente de lo positiva o negativa que haya podido ser hasta ahora— *lecciones de vida* a partir de las cuales puedan construir mejor o reconstruir, si es el caso, su relación.

Ningún arte se aprende de un día para otro. Se requiere el ejercicio continuo, paciente, deliberado y determinado para ver resultados. Por eso, conviene empezar cuanto antes e ir llevando a la vida real las conclusiones prácticas de cada capítulo. No hay ninguna magia detrás de ellas; sólo experiencia y realismo. Con más frecuencia de lo que se cree, pequeños cambios pueden producir mejoras sorprendentes en cualquier relación humana; no digamos en el matrimonio.

Discutir —con el significado que hemos precisado al inicio— es una de las *actividades matrimoniales* que más espacio ocupan en la relación. Incluso las parejas que "nunca discuten" en realidad sí discuten. Lo que pasa es que lo hacen bien; es decir, sin pelear. Por eso creen que no discuten. No es, sin embargo, el caso de la mayoría. Por eso creí oportuno este libro. He dedicado muchos años como sacerdote y consultor matrimonial a la atención de parejas en todo tipo de situaciones. Este libro es el fruto de un lento aprendizaje que se fundamenta no sólo en los libros sino también en la experiencia de esos matrimonios de carne y hueso.

Dedico con mucho cariño este libro a todos las parejas que construyen y reconstruyen día a día su vida matrimonial. Y también a los novios que vislumbran su futuro matrimonial con tanta ilusión y esperanza. Confío, con la ayuda de Dios, en que les sea de utilidad.

P. Alejandro Ortega Trillo, L.C.
31 de julio de 2014

POR QUÉ DISCUTIR

Discutir supone disentir, discrepar. Es, como dijimos, oponer visiones, posturas, percepciones, ideas, propuestas, deseos, aspiraciones, decisiones. Discutir es una manera específica de conversar, de dialogar, con el matiz propio de la disensión inicial; es decir, de la divergencia como punto de partida en el sentir o parecer.

En el fondo, esta divergencia refleja, en el caso de la pareja, una *diferencia* más profunda que la que podría atribuirse al solo hecho de ser dos personas y no una. Hombre y mujer son, en realidad, *dos versiones de "lo humano"*. De esta diferencia esencial brota esa divergencia, que pudiéramos llamar con rigor antropológico, "natural" en su manera de ver, percibir, desear, pensar y decidir. Con esto en mente, se puede ya anticipar que el arte de discutir en pareja consiste en apreciar, promover y usufructuar *el valor de la diferencia*. Y esto no sólo en un sentido pragmático, funcional. No me cabe duda de que al crear al ser humano Dios tenía "demasiado que decir", y encontró el feliz modo de hacerlo a través de la diferencia entre el hombre y la mujer.

1. DOS VERSIONES DE "LO HUMANO"

El misterio de la complementariedad

Hombre y mujer los creó

La Biblia dice que, cuando Dios creó al ser humano, «hombre y mujer los creó»[3]. El dato bíblico es mucho más que el relato de un pasado simbólico-mítico: es la realidad viva y concreta que se reproduce en cada nueva concepción humana. A no ser en el caso del hermafroditismo (caso en extremo rarísimo), se nace hombre o mujer. Y, en condiciones normales, se madura y desarrolla una personalidad humana masculina o femenina, con todos los rasgos físicos, mentales, emocionales e incluso espirituales propios de cada sexo. Si bien es cierto que muchos de estos rasgos no son absolutamente exclusivos y excluyentes de uno u otro sexo, es innegable que dentro de un espectro continuo se dan tendencias propias de cada sexo.

Arraigada en lo más profundo del genoma humano, la *diferenciación sexual* recorre y permea todos los estratos y dimensiones de la persona. De hecho, decir "diferenciación sexual" es, hasta cierto punto, una redundancia; porque sexualidad significa, precisamente, diferencia: la palabra "sexo" viene del verbo latino *secare*, que significa "separar", "diferenciar".

---

3   *Gn* 1, 27

Por qué diferentes

La diferenciación sexual empieza en los cromosomas. Todas las células del cuerpo humano, excepto las reproductivas o germinales —óvulos y espermatozoides— tienen 46 cromosomas, ordenados en pares. Los genetistas identifican cada par de cromosomas asignándole un número. El último par, el par 23, es el par de cromosomas sexuales. En el caso de la mujer, ambos cromosomas tienen forma de X, mientras que en el hombre, uno parece X y el otro parece Y, al faltarle a este último uno de los brazos inferiores. Por eso se suele decir, de manera sintética, que la mujer es XX y el hombre es XY.

El sexo cromosómico tiene una primera repercusión en los ductos sexuales que van apareciendo durante el desarrollo del embrión como estructuras primordiales de los órganos sexuales. En la mujer, los ductos se mantienen abiertos. En el varón, por efecto de los genes masculinizantes del cromosoma Y, los ductos se van cerrando hasta formar las estructuras propias de los órganos sexuales masculinos. A esta primera diferenciación de tipo físico-anatómico se le llama "sexo ductal", y en ella se basa la posibilidad de conocer el sexo del bebé en gestación a través, por ejemplo, de un ultrasonido, ordinariamente a partir de la vigésima semana de embarazo.

Ya nacida la creatura, el sexo se hace evidente por la presencia de los órganos genitales externos o caracteres sexuales primarios. Es el sexo "fenotípico" (del griego "*faino*", que significa: "mostrar"). Al llegar la pubertad aparecen los caracteres sexuales secundarios: el vello púbico y axilar, la producción de semen y el engrosamiento de la voz en los varones; y en las mujeres, el desarrollo mamario, la acumulación de tejido adiposo en las caderas —y la consecuente silueta curvilínea—, y el inicio de la ovulación y del ciclo menstrual.

> El hombre en general busca soluciones, la mujer, motivaciones.

Ahora bien, la diferenciación sexual rebasa ampliamente la genitalidad e incluso la corporeidad en general: incide en esferas más profundas, como la sensibilidad externa, la percepción, la emotividad, la inteligencia, y hasta la espiritualidad. Las neurociencias —disciplinas científicas relativamente nuevas sobre las bases biológicas de la conducta humana— estudian cada vez más y mejor las diferencias neuropsicológicas hombre-mujer, y sus consecuencias en el comportamiento, emotividad, rendimiento intelectual, etc. Es verdad que estas ciencias se reconocen a sí mismas aún en pañales y evitan prudentemente ofrecer conclusiones precipitadas de sus estudios. Sin embargo, muchos de sus hallazgos tienden a confirmar lo que ya sabíamos por experiencia, intuición y, como ya se dijo, por revelación divina: al crear Dios al ser humano, «hombre y mujer los creó».

De las profundas diferencias entre el hombre y la mujer resulta una profunda unidad.

Un hallazgo interesante, por señalar sólo un ejemplo, tiene que ver con el cuerpo calloso: un haz de fibras que interconecta los hemisferios cerebrales. La neurociencia actual en general —si bien algunos estudios no ofrecen una visión tan concluyente— reconoce que esta estructura suele ser más ancha y desarrollada en la mujer que en el hombre. Ahora bien, si —como también se sabe— el hemisferio izquierdo procesa la información de manera lógica, secuencial, analítica y racional; y el hemisferio derecho la procesa de manera más intuitiva, global, imaginativa y emocional, ya puede suponerse lo que sucede cuando el "puente" que une ambos hemisferios es de ocho carriles en lugar de dos: el "tránsito" y la "mezcla" entre lo emotivo y lo racional es mucho más fluida e intensa en la mujer que en el hombre, para bien y para mal, hay que decirlo.

Esta mayor conectividad entre los hemisferios cerebrales da una ventaja adicional a la mujer: la posibilidad de realizar varias tareas a la vez. La mujer es más *"multitask"* que el hombre. No hace mucho pude comprobarlo personalmente, en ocasión de un viaje que debía hacer. Llegué al aeropuerto y pasé al mostrador para documentar. Iba tarde y sentía ya la presión del tiempo. La señorita hablaba por teléfono. "Mal asunto —pensé—. A ver a qué hora cuelga y me atiende". Pero no tuve que esperar. Mientras ella seguía al teléfono, me tomó el boleto y la identificación, consultó su monitor, imprimió el pase de abordar, escribió a mano la puerta de embarque y me lo entregó con una sonrisa. ¡Todo en menos de un minuto y sin dejar de hablar por teléfono!

De los genes a los genios
Dejando de lado la neurociencia, la simple observación permite constatar que el "genio masculino" y el "genio femenino" operan de manera diferente. Así, por ejemplo, y sin pretender absolutizar, el hombre en general busca soluciones, la mujer, motivaciones; el hombre es deductivo, la mujer es intuitiva; el hombre razona en abstracto, la mujer, en concreto; el hombre es sintético, la mujer es analítica. Es el mensaje central del célebre libro *Los hombres son de Marte, las mujeres son de Venus*, de John Gray[4]. Según el autor, hombres y mujeres proceden de planetas diferentes. Aunque biológicamente son muy similares y comparten las mismas palabras y espacios y experiencias, sus códigos de comportamiento, sus reacciones y respuestas suelen ser muy diferentes. Los problemas entre ellos y ellas nacen cuando pasan por alto estas diferencias.

---

4   Cf. J. Gray, *Men are from Mars, Women are from Venus*, HarperCollins, 1993

Sobre la tesis del Dr. Gray, creo que debemos no sólo reconocer las diferencias sino también *celebrarlas* y *aprovecharlas*. Si el hombre y la mujer son dos maneras diferentes o versiones de "lo humano", ponerlas a vivir juntas, además de un reto —que lo es— debe ser una aventura, un proyecto por descubrir, siempre creativo, siempre abierto al enriquecimiento. La mutua atracción espontánea que se da entre el hombre y la mujer es como una chispa primordial destinada a encender el mecanismo de la complementariedad. Fue la estrategia de Dios. El matrimonio se configura así como un continuo aprendizaje sobre el modo de armonizar y aprovechar esta doble visión y percepción, emotividad e inteligencia, deseo y voluntad, por el bien de ambos, de la familia y, diría aún más, de la sociedad a la que enriquecen con su presencia y existencia.

De la diferencia a la unidad
Es evidente, por todo lo dicho, que las profundas diferencias entre el hombre y la mujer tienen una orientación netamente complementaria. Dicho de otra manera, de sus profundas diferencias resulta una *profunda unidad*. El verdadero sentido y objetivo de la diferencia entre el hombre y la mujer es la unidad.

Cabe ahora preguntarse por qué a Dios se le ocurrió una tal y tan misteriosa unidad entre el hombre y la mujer. Más aún, por qué se le ocurrió ligar a tal unidad nada menos que la trascendencia del ser humano en esta vida y la pervivencia de la especie humana sobre la Tierra. ¿No pudo haber hecho Dios una criatura humana "unisex", capaz de reproducirse asexualmente como las amebas? La respuesta la encontramos de nuevo en la Biblia. Según el lenguaje del libro del Génesis, el ser humano es el culmen de la obra creadora de Dios. Se diría que Dios puso en él su más alto ingenio. Y no había mayor genialidad que diseñarlo "a su imagen y semejanza"[5].

Pero, ¿cómo es Dios? Según la Revelación misma, Él es unidad y pluralidad al mismo tiempo. Dios es un solo Dios, pero también tres Personas distintas. Dios es la Unidad por esencia; y es también la Pluralidad por esencia. El ser humano, para ser "imagen y semejanza" de Dios, tendría que unir también de alguna manera estos dos elementos: unidad y pluralidad. Así es como de las manos expertas de Dios Creador salió un ser sexuado. Uno que, en razón de su configuración más íntima, sería capaz de vivir la unidad y la pluralidad como un espejo de Dios. Siendo dos personas distintas, llegan a ser lo que la Biblia llama una sola carne[6]. Fruto natural de esa unidad serán los hijos, que vienen a completar en la familia la imagen de la Divina Trinidad. Me parece altamente significativo, en este sentido, el hecho

de que el momento culminante de la unidad entre el hombre y la mujer —es decir, la relación sexual— sea, al mismo tiempo, un momento de intensa intimidad, felicidad y fecundidad, constituyendo en sí un reflejo vivo de la esencia misma de Dios.

---

5   Cf. *Gn* 1, 26

6   Cf. *Gn* 2, 24

2. CON EL ENEMIGO EN CASA

El poder del egoísmo

El verdadero enemigo

Aunque el porcentaje varía de país a país, la estadística de rupturas matrimoniales ha ido en aumento en los últimos años. En los Estados Unidos, uno de cada dos matrimonios termina en divorcio. Es decir, la estadística es de 50%. En México, la estadística oficial en 2012 fue de 17%. España — seguido muy de cerca por Bélgica—, es el país europeo con más rupturas matrimoniales: tres de cada cuatro matrimonios. Con el cronómetro en mano, esto significa que se produce un divorcio cada 3.7 minutos en la península ibérica.

Es cierto que el ambiente no ayuda, que la sociedad ya no ve el divorcio con malos ojos, y que hay menos compromiso y capacidad de sacrificio en las generaciones más jóvenes. O que el amor no basta, como propone Aaron Beck; que se cometen errores garrafales por meter mucho corazón y poca cabeza, como sugiere Enrique Rojas; o que se equivocan de lenguaje al expresar su amor, como apunta Gary Chapman. Sin duda, estos grandes autores tienen razón y su enfoque es válido. Todos estos factores, sin embargo, no serían tan destructivos ni determinantes si no fueran potenciados por un misterioso fermento catalizador del mal, presente en todo corazón humano, como se verá a continuación.

Qué es el egoísmo

El equilibrio y la armonía original de la primera pareja hombre-mujer tuvieron al inicio de la historia humana un descalabro. Los creyentes lo llamamos "pecado original". No hace falta, sin embargo, ser creyente para constatar que el hombre y la mujer, por muy complementarios que sean, muchas veces no sólo no embonan sino que abiertamente se pelean. Sucede así porque el pecado introdujo en la relación un nuevo fermento: el egoísmo.

> Si quieres vivir esta vida como antesala al cielo, ama; si quieres vivirla como antesala al infierno, sé egoísta.

El egoísmo es un *amor propio desordenado*. Esto quiere decir, un amor propio exagerado, desproporcionado, desequilibrado, sin balance, descontrolado. Amarse a sí mismo no es egoísmo. De hecho, es un acto reflejo de nuestro ser. Gracias a ese amor nos alimentamos, protegemos, cuidamos nuestra salud y bienestar, cultivamos nuestras facultades y desarrollamos nuestros talentos y capacidades. Gracias a ese amor también procuramos ser mejores, y así llegamos a ser también mejores para los demás. El egoísmo, sin embargo, distorsiona esta orientación hacia los demás; este "ser para el otro", que es esencial en el ser humano.

El egoísmo no se aprende; se nace con él. Y se configura en cada persona según su temperamento, educación y experiencia. Como expliqué en mi libro *Vicios y virtudes*[7], el egoísmo se manifiesta a veces a través del cuerpo, en forma de inclinaciones y hábitos desordenados que, en conjunto, pueden llamarse sensualidad. Otras veces el egoísmo se manifiesta a través del espíritu, en forma de soberbia. La sensualidad y la soberbia son pasiones desordenadas que lastiman, dañan y hacen sufrir, sobre todo, a quien las padece; pero no sólo.

---

7 A. Ortega, *Vicios y virtudes*, El Arca, 4ª ed., 2012, pp. 23-26

También dañan a los demás, especialmente a quienes son más cercanos; dañan nuestra relación con Dios y con las creaturas —término genérico que abarca el amplísimo espectro de todo lo creado—. De hecho, Dios había puesto todo al servicio del hombre, como explica la Biblia en el relato de la creación[8]. Tras el pecado original el egoísmo nos inclina con frecuencia al abuso de las creaturas, las cuales así se nos vuelven nocivas.

El egoísmo, por desgracia, es imposible de arrancar en esta vida. En el cielo no habrá egoísmo. Porque el cielo es radicalmente contrario al egoísmo: es el *Reino del amor*. El infierno, en cambio, es el *reino del egoísmo*. Lo curioso es que los sentimientos que solemos asociar a uno y otro parecen contradictorios en esta vida. En el cielo, el amor y la felicidad coincidirán plenamente; así como en el infierno coincidirán el egoísmo y la infelicidad. Aquí, en la Tierra, en cambio, al amor se asocia muchas veces el sufrimiento; y al egoísmo, en cambio, una cierta felicidad —por muy pasajera y superficial que pueda ser—. En el fondo, sin embargo, todos hemos experimentado que sólo el amor nos hace felices, aunque sea a través del dolor; y que el egoísmo, en cambio, nos hace radicalmente infelices también aquí, en la Tierra. Por lo mismo, si se quiere vivir en la antesala al cielo, hay que amar; si se quiere vivir en la antesala al infierno, basta con ser egoísta.

> El arte de discutir en pareja es, en gran medida, el arte de controlar el propio egoísmo.

Ensalada de egoísmos

En las bodas suelo decir a los novios que cada uno llega ahí en su mejor versión. Su físico es inmejorable: ella guapísima, peinada y maquillada, con un exuberante vestido de novia que

---

8   Cf. *Gn* 1, 29

realza aún más su belleza; y él, normalmente de frac y corbatín, esbelto y radiante. También el corazón de ambos está en óptimas condiciones: rebosante de amor, ternura, alegría y altas expectativas. Han llegado a ese momento después de descubrir, desarrollar y madurar su amor a lo largo del noviazgo, y de tomar una decisión vital e irrevocable, que marcará el resto de sus vidas: el matrimonio.

En esta hermosísima circunstancia, sin embargo, no debe faltar una nota de realismo. Ambos se acercan al altar también con su propia *carga de egoísmo*. En otras palabras, en todas las bodas está presente desde el primer momento el villano de la historia. Si una cámara pudiera captar los entresijos más profundos de sus corazones, podría quizá tomarle una foto a ese villano oculto que sonríe maliciosamente, como quien tiene la fórmula y el poder de aguar y echar todo a perder. Dicho de otra manera, al unirse en matrimonio, él y ella están preparando y aderezando —sin pretenderlo, desde luego, y sin saber tampoco a ciencia cierta cuál será el resultado— una "ensalada de egoísmos".

Los malos hábitos de una pareja infeliz

El egoísmo daña la vida de la pareja introduciendo impaciencias, envidias, rivalidades, agresiones, iras, rencores, celos, sospechas, aislamientos, necedades, caprichos, susceptibilidades, perezas, descuidos, indiferencias, y la lista podría seguir indefinidamente. En resumen, el egoísmo está en la raíz de toda actitud negativa, de todo mal espíritu o, como algunos dicen ahora, de toda "mala vibra".

Me parece importante partir de esta constatación para darle nombre a la raíz de los problemas matrimoniales, y también a la raíz de la solución. El arte de discutir en pareja es, en gran medida, el arte de controlar el propio egoísmo. Para alcanzar la paz en la alcoba —como en cualquier otro ámbito— hay que declararle la guerra al propio egoísmo. No hay de otra.

En el citado libro *Vicios y virtudes* ofrecí una descripción sintética de las principales manifestaciones del egoísmo —vicios— y de sus consecuencias; así como de las virtudes que habría que cultivar para al menos dominar y controlar el propio egoísmo. De hecho, el origen de ese libro fue una charla que se me pidió sobre el efecto de los vicios personales en la vida de pareja. El título de la conferencia fue "Los nueve hábitos de la pareja infeliz". Mientras la impartía, veía cómo las parejas iban asintiendo cada vez más, como si de pronto le pusiese nombre a sus problemas. A veces se codeaban, se ruborizaban, se reían discretamente o de plano soltaban la carcajada.

3. Quién tiene la culpa

Cuando el problema es uno...

Inmadurez emocional

La madurez es un concepto rico en contenido y multiforme en expresión. Consiste en una nítida *identidad personal* y en la *coherencia* del pensar, del querer y del actuar con esa identidad. A esto habría que añadir la *fidelidad* y *responsabilidad* hacia uno mismo, hacia Dios y hacia los demás. Esta nitidez y coherencia normalmente crecen con la edad. Un adulto debería tener una identidad más definida y ser más coherente que un niño. Tristemente, no siempre es así.

En el campo emocional, son expresiones de madurez el equilibrio, la ecuanimidad y la prudencia, especialmente en circunstancias difíciles o "detonadoras". La inmadurez, en cambio, suele ser *voluble e impredecible*. Una persona inmadura no es dueña de sí misma. Pierde fácilmente el control y se deja llevar por los vaivenes emocionales del momento. Es vulnerable, por lo que reacciona a veces de manera defensiva, encerrándose, inhibiéndose o justificándose. Suele ser más visceral que cerebral: su argumentación es más sentimental que racional, más circunstancial que fundamental, más aleatoria que enraizada en convicciones profundas. No rara vez se contradice.

Otro síntoma típico de inmadurez es recurrir a la fuerza; es decir, a usar un lenguaje hiriente, de tono elevado y gestos desproporcionados. Este recurso no es consciente ni calculado. Por el contrario, la inmadurez disminuye la auto vigilancia emotiva y el control temperamental. La madurez, por el contrario, propicia la necesaria vigilancia interior y el control sobre las emociones.

Ahora bien, la esfera emotiva no nos obedece igual que un brazo. ¡Qué fácil sería transformar una descarga de coraje en una brisa suave de serenidad! Sin embargo, sí es posible dar una orientación de fondo a nuestra emotividad, sobre todo mediante ciertos pensamientos. Daniel Goleman ha hecho célebre ese aspecto de nuestra inteligencia que tiene que ver con la conciencia y el manejo de las emociones y que ha llamado, siguiendo también a otros investigadores, "inteligencia emocional"[9]. La clave de la inteligencia emocional, como se verá más adelante, es el usufructo de la emotividad mediante la vigilancia interior, el control, la empatía, la motivación y el desarrollo de habilidades sociales.

La madurez, por el contrario, propicia la necesaria vigilancia interior y el control sobre las emociones.

Inseguridad personal

La inseguridad emocional es otro rasgo de inmadurez. Puesto que se trata, en el fondo, de una forma de *inferioridad psicológica*, la inseguridad puede desencadenar mecanismos compensatorios, según la conocida teoría de Alfred Adler[10]. Así, no es raro que una persona que se siente insegura o "inferior" a su cónyuge tienda a una actitud demasiado competitiva, impulsada por un desmedido afán por ganar todas las discusiones. Una

---

9   D. Goleman, *Inteligencia emocional*, Kairós, 2001

10 A. Adler, *Understanding Human Nature*, Routledge, 2013 (publicación original en 1928)

derrota —o lo que se le parezca, como el ceder, admitir un error o dar la razón al otro— le resulta intolerable. En el fondo, ese mecanismo psicológico de defensa le lleva casi ciegamente a compensar su inseguridad con la "seguridad de la victoria", sin importar el precio.

Codependencia

En el extremo opuesto, la inseguridad personal puede también manifestarse como una actitud de excesiva preocupación por el cónyuge. En este caso, la compensación se busca mediante la donación total al otro, sin importar el precio en términos de renuncia a las propias emociones y convicciones; incluso a la propia dignidad.

En psicología conductual, la *codependencia* consiste en una postura de total olvido de sí a favor del otro. En el fondo, sin embargo, la codependencia no es más que una forma de *manipulación subliminal,* que busca controlar al cónyuge y tenerlo asegurado. El codependiente puede estar dispuesto a tolerarlo todo, con tal de no perder o lastimar la relación.

Una persona inmadura no es dueña de sí misma.

La codependencia es un *amor enfermizo.* Un amor sano respeta la autonomía e independencia que todo ser humano necesita para madurar. Ninguna relación conyugal, por amorosa que sea, ha de pretender llenar todos los espacios. Cada cual necesita su espacio para crecer y desarrollarse; también para mantener sus propias convicciones, opiniones y puntos de vista frente al otro. Una sana relación entre adultos maduros sabe respetar estos espacios.

Susceptibilidad

En el libro *Vicios y virtudes* dediqué un capítulo al tema de la susceptibilidad. Se trata de una tendencia a la hipersensibilidad; es decir, a sentirse agredido, lastimado u ofendido prácticamente por cualquier cosa. Como explicaba ahí, «convivir con una persona susceptible es un reto difícil. El matrimonio puede llegar a ser la antesala al infierno. Quizá el marido ni sospeche lo que pasa por la mente de su esposa, hasta que la cosa estalla. Una nonada basta para declarar la guerra y sacar a la alcoba la artillería pesada. Entonces viene el desahogo de sospechas, cavilaciones y conclusiones reprimidas ante un marido mudo, boquiabierto y perplejo»[11].

Lo peor de la susceptibilidad es que encierra a la persona en un complejo de víctima que no le permite afrontar con madurez y objetividad las normales desavenencias matrimoniales.

Orgullo
Otro mal hábito que limita y dificulta notablemente las discusiones matrimoniales es el orgullo. Éste consiste en la percepción o convicción de que se es *superior a los demás*. El orgulloso asume, por lo mismo, posturas rígidas, altaneras e innegociables; carece de empatía, por lo que no suele captar los puntos de vista que difieren de su posición. Su sentido de superioridad le lleva a fiarse demasiado de sus propios juicios y razones, defendidos a ultranza y, no pocas veces, con cierto desprecio e ironía.

Otra característica del orgulloso es no reconocer los propios errores ni, mucho menos, pedir disculpas por ellos. En esta línea, el orgullo puede emparentarse, paradójicamente, con la inseguridad personal, de modo que no es raro que tenga síntomas parecidos.

---

11 *Op. cit.*, p. 79

Chantaje emocional

Algunas personas, consciente o inconscientemente, tienden a manipular a los demás. Recurren para ello al *chantaje emocional*, que es una de las formas de manipulación más eficaces. El chantaje emocional consiste en presionar a alguien para que haga lo que nosotros queremos, ateniéndose, en caso contrario, a las consecuencias. Según la excelente descripción de Susan Fordward[12], el chantajista emocional suele utilizar tres recursos manipuladores: el miedo, la obligación y la culpa. De este modo, levanta una cortina de niebla (en inglés, "*fog*", que es el acróstico de "*Fear, Obbligation and Guilt*" —miedo, obligación y culpa—) que esconde la intención manipuladora de fondo. Las frases del chantaje emocional están diseñadas para infundir o provocar cualquiera de estos tres sentimientos. Por ejemplo, la frase "si haces esto, atente a las consecuencias" provoca miedo; la frase "si me quisieras de verdad, no lo harías" suscita un sentimiento de obligación; y la frase "si te vas, es que no te importo para nada" infunde culpabilidad. De este modo, el chantaje se convierte en una forma de *castigo emocional*.

Fatiga física y/o emocional

El estrés es un ingrediente ordinario en la vida de muchas personas. Las exigencias y responsabilidades, las tareas, metas, tiempos y horarios pesan y desgastan. A esto hay que añadir la experiencia frecuente de las preocupaciones e incertidumbres, que terminan a veces de drenar las pocas reservas de energía.

Es evidente que una persona cansada y desgastada física o emocionalmente no está en las mejores condiciones para afrontar una actividad que, de suyo, puede también ser estresante, como es discutir en pareja. De hecho, el factor

---

12 S. Forward, *Emotional Blackmailing*, HarperCollins, 1998

que más pesa cuando se evade la discusión en la pareja es el estrés. Quizá, en general, la mujer se estresa más que el hombre, dada su mayor sensibilidad y percepción de las cosas. Sin embargo, ella posee una fisiología más robusta que la del hombre para resistir y manejar el estrés. Así se explica que el hombre, por ser menos tolerante al estrés, evade en 85% de las ocasiones las discusiones matrimoniales.

4. El campo de batalla

Los factores no personales

Problemas complejos

No todo depende de las personas. Con frecuencia hay situaciones, problemas o circunstancias que alteran el entorno y dificultan las discusiones. La primera dificultad puede brotar de la *complejidad* de ciertos temas. Como veremos al entrar en los grandes temas de discusión, hace falta conocimiento y formación para abordar provechosamente ciertos temas. La ignorancia es atrevida y a veces hace afirmaciones que no se sustentan más que en las palabras. Temas como la espiritualidad, la intimidad, las finanzas matrimoniales y otros parecidos requieren al menos una formación básica. Lo que no quiere decir que todo se solucione con "saber". Tantas veces se sabe "qué hacer", pero no se sabe bien "cómo" ni, sobre todo, "por qué" hacerlo, lo cual es, sin duda, lo más determinante, como bien afirma el experto en liderazgo motivacional Simon Sinek[13].

Otras veces, la dificultad estriba en lo que, en realidad, constituye la mayor riqueza de la pareja: la *diversidad* de opiniones, ideas, perspectivas y convicciones. Así, por ejemplo, en el tema de la educación de los hijos, a la hora de

---

13 Cf. S. Sinek, *Start With Why*, Penguin Books, 2009

escoger colegio, quizá uno privilegie más el nivel académico y la formación de valores mientras el otro preste más atención a la vanguardia tecnológica, el deporte o las instalaciones. Sin duda, son todos elementos valiosos, que conviene considerar al tomar la decisión. Como ya vimos, la diversidad de pareceres es una riqueza que está ahí, precisamente, para abrir horizontes y alternativas. Sin embargo, llegará el momento en que habrá que tomar una decisión y unos elementos tendrán que prevalecer sobre otros.

Finalmente, no pocos temas requieren de apoyo profesional especializado. Así, por ejemplo, en el campo financiero o médico, la pareja tendrá que tomar decisiones basándose en estudios, evaluaciones y consejos de peritos en la materia.

Lugar y tiempo

Más allá de la complejidad de los temas, a veces lo que dificulta las discusiones es no encontrar el lugar y el tiempo adecuados. La vida hoy, con sus prisas y exigencias, deja poco espacio de serenidad para abordar temas de fondo y discutirlos en santa paz. Es tal el ajetreo a veces, que se tiene la sensación de estar tomando decisiones —de no poca relevancia— a 140 kilómetros por hora.

> La ignorancia es atrevida y a veces hace afirmaciones que no se sustentan más que en las palabras.

Tampoco abundan los espacios idóneos para conversar a gusto. A veces en casa resulta prácticamente imposible, sobre todo cuando los hijos son pequeños y requieren una constante atención. Otras veces, no se cuenta con un lugar adecuado para conversar con un mínimo de privacidad. Los lugares públicos tampoco son a veces los más pertinentes: la música, el trajín de los meseros, el barullo de otras mesas, no ofrecen el clima de paz que requieren ciertas discusiones.

Echando a volar un poco la imaginación, creo que habría un buen nicho de mercado para una empresa que ofrezca "cabinas insonorizadas para conversar" a media banqueta, con buena visibilidad y un pequeño frigo o minibar. Con un par de monedas, la gente tendría derecho a una hora de "espacio anti estrés", con música de fondo, aire acondicionado y privacidad.

Volviendo a la realidad, hay que añadir que hace falta no poca prudencia y control personal, a fin de esperar el mejor momento y lugar para tocar ciertos temas. Existen personas que carecen de esta prudencia, y "disparan" sin pensar, en el tiempo y lugar más inapropiados, poniendo a prueba la paciencia de su pareja. De ordinario, NO suelen ser buenos momentos para tratar temas de fondo:

> La diversidad de pareceres es una riqueza que está ahí, precisamente, para abrir horizontes y alternativas.

1. Al final del día, cuando ambos están ya muy cansados. Se puede, desde luego, comentar el día y prever las situaciones del día siguiente, pero no se puede querer resolver problemas de fondo.

2. Los momentos de descanso familiar o matrimonial.

3. Cuando uno de los dos está disfrutando de su pasatiempo favorito.

4. Cuando uno de los dos está afrontando una tarea muy exigente o demandante.

Es verdad, *el momento ideal no existe*. Pero ciertamente hay mejores momentos que otros y cada pareja debería reservar al menos un momento al día para abordar los temas más relevantes de la jornada, y quizá también posibles sentimientos, ideas y situaciones que haya que resolver antes de ir a la cama.

Además de este momento diario, sería ideal poder reservar un día de la semana con un espacio más amplio para el diálogo y el intercambio, y así abordar temas de fondo con más serenidad y profundidad. Cada matrimonio debería encontrar su *rincón preferido* para estos encuentros. Algunas parejas, por ejemplo, reservan el desayuno o quizá la cena del miércoles en un restaurante de su preferencia para tener su acuerdo semanal, con muy buenos resultados.

Historia desfavorable
Una última consideración sobre las circunstancias que dificultan la discusión en pareja es contar con un historial desfavorable. Es decir, cuando muchas discusiones anteriores no han sido una buena experiencia, y se ha llegado al "*impasse*", es decir, a un punto de estancamiento, en el que ni se avanza ni se retrocede.

Tampoco ayuda el recuerdo de discusiones que han terminado en pleito, heridas, humillaciones; en distanciamientos si no físicos sí afectivos y emocionales. Así como la historia personal marca a cada uno, así también, cada matrimonio va siendo tatuado por su propia historia. El historial de una pareja llega a condicionar las reacciones y respuestas prontas ante ciertos temas.

Los matrimonios deben ser conscientes de ello y volver sobre sus pasos cuando perciben que existe ya un cierto *automatismo* al momento de afrontar esos temas, lo cual dificulta la apertura a nuevas perspectivas y alternativas. De hecho, no pocas terapias matrimoniales consisten en un trabajo de *desprogramación* de esas conductas o condicionamientos negativos aprendidos o desarrollados como hábitos en el transcurso de su vida matrimonial y sustituirlos por conductas verbales y no verbales positivas[14].

---

14 Cf. E. Rojas, *Remedios para el desamor*, Planeta, 2011

EL FONDO: GRANDES
TEMAS Y TONTERAS

Como se dijo en la Introducción, discutir es un fenómeno de comunicación humana, con sus tres elementos: interlocutores, mensaje o contenido (fondo) y medios o maneras (forma) de discutir. Hemos dedicado la primera parte del libro a los interlocutores. Es decir, a la pareja que discute. En cierto modo, dimos respuesta al *por qué* discuten las parejas, evidenciando también las condiciones personales y circunstancias que pueden favorecer u obstaculizar la discusión.

En esta segunda parte veremos *de qué* discuten las parejas; es decir, los contenidos o temas de discusión: los grandes temas y las "tonteras". Los grandes temas implican cuestiones relevantes de la vida matrimonial y familiar que requieren no una sino muchas discusiones o, por mejor decirlo, una discusión por etapas o capítulos, con sucesivos intercambios de opiniones y progresivas profundizaciones para llegar a la mejor decisión.

Los grandes temas son seis: fe y espiritualidad, intimidad y procreación, educación de los hijos, finanzas matrimoniales, familia política y vida social y profesional. Hasta ahora, no he atendido una sola crisis matrimonial que no tenga que ver con alguno de estos temas o la mezcla de varios. En otras palabras, cada uno de estos temas daría materia para una crisis potencial si no se le presta la debida atención. Nuestro enfoque, sin embargo, no es sólo cómo evitar crisis sino más bien cómo aprovechar la discusión de estos grandes temas como vehículo de enriquecimiento, compenetración y vinculación de la pareja. Cada uno de ellos es una verdadera "área de oportunidad" para que el matrimonio crezca y madure.

No es raro, por otra parte, que estos temas jamás se resuelvan plenamente. Dada su complejidad y la multitud de variables en juego, estos temas se pueden discutir por años. De hecho, la misma evolución de la vida matrimonial, que exige siempre ajustes y nuevos equilibrios, va poniendo reiteradamente estos temas sobre la mesa, lo que no significa que "nunca han resuelto nada" sino, más bien, que el matrimonio *está vivo* y su normal desarrollo requiere nuevas y fecundas discusiones.

> Las "tonteras" son preciosas monedas de capital emocional para invertir en el corazón del otro.

Finalmente, habría que decir que cada uno de los grandes temas ofrece materia para un libro completo. De hecho, ya se han escrito muchos, como consta en una rápida búsqueda de libros de ayuda matrimonial por *Internet*. Yo aquí presento estos temas de manera sintética, procurando resaltar en cada caso los puntos clave que más ayudan en la discusión matrimonial.

Las "tonteras", como se verá, no son temas sin importancia. En realidad las llamo así porque no conllevan —al menos en primera instancia— un tema de fondo. Tienen que ver normalmente con decisiones o situaciones cotidianas que pueden y deben resolverse de manera ágil y eficaz. Sin embargo, más allá de su valor funcional, las "tonteras" son preciosas monedas de capital emocional para invertir en el corazón del otro, como también veremos.

5. UNA VISIÓN DE LA VIDA

Fe, religión y espiritualidad

¿Qué aporta la fe?
El tema de la fe toca la vida de los matrimonios mucho más de lo que se pudiera pensar. Aunque muchos jóvenes se casan hoy sin vivir o practicar su fe con interés y constancia, como una relación vital con Dios, la mayoría sigue todavía creyendo, en el fondo, que hay un Dios y que de alguna manera conviene llevarse bien con Él.

Ahora bien, más allá de la práctica religiosa en cuanto tal, suelo plantear este tema a las parejas, tanto de novios como de casados, desde la perspectiva de la fe como una particular *visión de la vida*. De hecho, la fe religiosa configura, en realidad, nuestra manera de percibir la existencia y de reaccionar ante las vicisitudes que ella nos plantea día a día. Pienso que esta visión de la vida impregnada de fe es no sólo beneficiosa sino también muy necesaria. La vida matrimonial es una *caja de sorpresas*. Los novios y los recién casados sueñan una vida hermosa, llena de logros y expectativas siempre positivas. Y es bueno que sea así. Hay que ser optimistas. Pero también conviene ser realistas. Cualquier vida —y no digamos la matrimonial— está llena también de sorpresas desagradables.

Pues bien, la actitud con que se afronta la vida en general es muy diferente cuando se tiene fe que cuando no se tiene. Ante una adversidad o dificultad de cierto peso en la vida, la persona con fe reacciona de manera más positiva, optimista, capaz de asimilar y digerir las situaciones; sobre todo aquellas que no tienen solución. La fe es un *"procesador interno"* que ayuda, si no a comprender, sí a aceptar y a digerir cualquier revés. De hecho, la aceptación de lo que no hemos elegido o que no podemos cambiar es un elemento clave para superar las adversidades. Como escribe Jacques Philippe, «la aceptación me lleva a decir "sí" a una realidad percibida en un primer momento como negativa, porque dentro de mí se alza el presentimiento de que algo positivo acabará brotando de ella»[15].

Es verdad que los problemas de la vida son, ante todo, desafíos humanos. Y hay que resolverlos con recursos propios, como son la inteligencia, la prudencia, la decisión y el esfuerzo. Sin embargo, también hay que saber reconocer que no todos los problemas tienen solución humana. A las personas que tienen fe, esto no les crea una gran dificultad. Saben que cuentan con Dios. Y, en última instancia, ven siempre la Providencia de Dios como fuente de ulteriores beneficios, más allá de los problemas concretos.

Matrimonio y Providencia Divina
El concepto de Providencia Divina es un concepto clave. Por Providencia se entiende la intervención misteriosa de Dios en nuestra vida. Es cierto, somos libres y, de hecho, bastante libres. Así nos quiso Dios. Sin embargo, vivimos porque Dios nos dio la vida, y en sus planes, cada uno tiene un papel, un rol que jugar, una misión que cumplir, un destino al cual llegar. Todo esto constituye, por así decirlo, el trasfondo de nuestra historia personal. Sólo así nuestra historia tiene trama y no

---

15 J. Philippe, *La libertad interior*, Ediciones Rialp, 6ª ed. 2012, p. 20

es sólo la yuxtaposición de momentos, eventos, situaciones y decisiones inconexas. El hecho de tener una *memoria del pasado* y cierta *previsión del futuro* nos vuelve, de alguna manera, "elásticos" en el tiempo. No vivimos en un presente instantáneo unidimensional. Cada uno vive y concentra en el "hoy" de su existencia todo su pasado —¡y cuánto!— y también, hasta cierto punto, su futuro. ¿Quién no siente cada día la fuerza de sus expectativas e ilusiones y también de sus miedos y preocupaciones?

La actitud con que se afronta la vida en general es muy diferente cuando se tiene fe que cuando no se tiene.

La Providencia es la intervención constante, amorosa y eficaz de Dios en nuestra vida. Él conoce mejor que nosotros mismos nuestra realidad, nuestro camino, nuestras vicisitudes y desafíos; pero sobre todo conoce nuestra misión y nuestro destino. De ahí que pueda como nadie favorecer o permitir todo aquello que nos ayude a encontrar y transitar ese camino misterioso que Él trazó con ternura eterna. Nuestra vida tiene rumbo y destino, vocación y misión.

Cierto que no somos títeres de Dios. Eso sería "providencialismo". Dios nos quiso libres, insisto; pero como Él conoce de antemano nuestras libres decisiones —también cuando son equivocadas— tiene ya preparado un "plan B", lleno de gracias actuales y circunstancias facilitadoras para que, a partir de ahí podamos, en última instancia, realizar su plan sobre nosotros.

Alguien pudiera replicar: "¿Cómo es que Dios decidió por mí el plan para mi vida?". —La respuesta es muy sencilla y se basa en un principio lapidario: Dios es Dios, y nosotros no, como escribió Rick Warren en su célebre libro *Una vida con propósito*[16]. Quien no tiene claro este principio no podrá

---

16 Cf. R. Warren, *The Purpose Driven Life*, Zondervan, 2012

"entender", hasta donde es posible, su propia vida y todo lo que en ella ocurre; todo le parecerá —sobre todo las circunstancias adversas y las crisis normales de la vida— un laberinto indescifrable.

Dios es el dueño de nuestra vida, no nosotros. «El principio de la sabiduría —dice la Biblia— es el temor de Dios»[17]. Temor no significa, en lenguaje bíblico, "tener miedo" a Dios sino reconocer su autoridad, soberanía y poder sobre nosotros. Poder y soberanía que Él ejerce de manera increíblemente suave, dulce y respetuosa de la libertad que nos ha dado. Dios no violenta al hombre. No actúa —como haríamos nosotros— con castigos y reprimendas, ni con violentas correcciones. Su Providencia es misteriosa porque, permitiendo en cierto modo que "nos salgamos con la nuestra", termina Él "saliéndose con la suya". Y así se realiza, en última instancia, su plan amoroso sobre cada ser humano, y también sobre cada matrimonio, familia y sociedad, aun en medio de equivocaciones y fallas más o menos graves.

Desde esta óptica, todo matrimonio debería reconocerse a sí mismo como un gran "sueño de Dios": un proyecto hermoso y de gran importancia para Él. Por eso Dios se las arregla —a veces con mil malabarismos— para que un chico y una chica se encuentren, se conozcan, se enamoren, se comprometan, se casen y emprendan juntos un proyecto común, como compañeros de camino por la vida.

Sin esta visión providencial, el matrimonio se reduce a una decisión sólo humana y a un compromiso meramente contractual. Y así se entiende también por qué tantos matrimonios, cuando las cosas "ya no funcionan como antes", abandonan con una facilidad apabullante el camino emprendido. Quizá nunca entendieron el plan de Dios pro-

---

17 *Eclo* 1, 14

vidente, que estaba detrás de todas esas "casualidades" que desembocaron en un amor y luego en un matrimonio.

Cuando atiendo a quienes se van a casar, suelo pedirles de entrada que me "cuenten su historia": cómo se conocieron, qué "casualidades" se dieron, cómo se enamoraron y comprometieron. Mucho más que para satisfacer mi curiosidad, les pregunto esto para ayudarles a descubrir ese contexto más grande, que es el plan de la Providencia de Dios que, en el fondo, lo explica todo. Es otra manera de hacerles ver que hay Alguien interesado en su relación; Alguien que los quiso juntos y se las arregló para que así sucediera.

Fe y resiliencia matrimonial

Los matrimonios que viven en la Providencia de Dios tienen una capacidad mayor para afrontar los grandes retos y problemas de la vida de modo más realista y también más resistente. De hecho, no con una resistencia hercúlea o, simplemente estoica, sino con una resistencia "flexible", capaz de no sólo aguantar sino de volver a la normalidad fortalecidos. Es lo que suele ahora llamarse resiliencia matrimonial.

El concepto procede de la física. Es la propiedad que tienen algunos cuerpos de volver al tamaño y forma original después de recibir impactos, fuerzas y torsiones que pueden desfigurarlos momentáneamente, pero no romperlos. En psicología, la resiliencia suele definirse como la capacidad no sólo de resistir sino de volver al estado original fortalecidos, tras los impactos y presiones de experiencias que pueden ser muy duras y estresantes. Michael Rutter, el psiquiatra que importó el concepto de la física a la psicología en los años setenta, la explicaba así: «es el conjunto

> Todo matrimonio debería reconocerse a sí mismo como un gran "sueño de Dios": un proyecto hermoso y de gran importancia para Él.

de procesos sociales e intra-psíquicos que posibilitan tener una vida sana en un medio insano».

La vida matrimonial está siempre expuesta a impactos, torceduras y fuerzas que estrujan, que comprimen y deforman momentáneamente la existencia. La resiliencia aporta la fortaleza y flexibilidad emocional necesarias para no romperse en tales circunstancias, y volver al "estado original" fortalecidos. De hecho, cada experiencia de restablecimiento tras una crisis marca una victoria en la historia matrimonial y constituye una señal de madurez y buen pronóstico.

6. El rostro familiar

Las tradiciones

Configurando el propio "rostro familiar"
Cuando dos jóvenes se casan nace una familia. Un instante antes del consentimiento, esa familia no existía. Al dar su consentimiento, los novios —ahora esposos— dan a luz una *comunidad de vida y amor*, como vimos al definir la familia. Ahora bien, no hay dos familias iguales. Si cada ser humano es único e irrepetible, la unión y "combinación" de dos seres humanos es aún más única e irrepetible. De ahí que cada familia tenga su propia fisonomía, su propio estilo; me atrevo a decir: hasta su propio aroma. Recuerdo que de niño solía visitar la casa de un amigo de la escuela. Entre otras cosas, me encantaba cómo olía su casa. Nunca supe bien por qué olía así. ¿Era el detergente de la ropa, el jabón para los platos, el limpiador de los pisos, un aromatizante ambiental? Con el tiempo me di cuenta de que ninguna de estas cosas era, sino la combinación de todo lo que usaban, hacían y vivían en esa casa.

Cada familia tiene un rostro, una fisonomía propia. Los principios y valores, las vivencias y prácticas habituales, los modos de celebrar determinados acontecimientos, constituyen los rasgos que configuran su *rostro familiar*. Dentro de las prácticas habituales se encuentran las *tradiciones familiares*. Últimamente se confunde la tradición con la mera costumbre, inercia o imposición social o religiosa, y se olvida su condición de cimiento y raíz para dar profundidad y sentido a la existencia. Las tradiciones son las "mejores prácticas" de la humanidad, amasadas en forma de costumbre o recurrencia para evitar que se pierdan. Los novios, al casarse, deberían tomar conciencia de que "todo lo que hagan" a partir de entonces, sobre todo de manera periódica o habitual, irá delineando ese *rostro*. La Misa dominical, la oración en familia, el modo de celebrar la Navidad, la Semana Santa, el Año Nuevo y los aniversarios constituyen verdaderas tradiciones, que deberían consolidarse y atesorarse con el paso del tiempo.

Las tradiciones familiares son como los muebles de la casa. No pocos recién casados comienzan su vida matrimonial en un departamento que sólo cuenta con paredes y puertas. Con el tiempo lo van amueblando, decorando, imprimiéndole su *toque familiar*. Así también, en la medida en que los matrimonios van incorporando determinadas prácticas y tradiciones, "amueblan" su vida matrimonial con su propio toque familiar.

¿Hace falta tener la misma fe?

No hace mucho una chica me preguntó qué tan importante es que su novio y futuro esposo tenga el mismo "nivel" de fe y práctica religiosa que ella. Como respuesta le dije lo que suelo repetir a quienes me preguntan cómo "atinar" en la elección, y que aquí resumo en un *checklist* de cinco puntos:

1. Salud espiritual: ¿Es una persona de fe y práctica religiosa sana?

2. Salud moral: ¿Tiene algún vicio moral —alcoholismo, drogadicción, "mujeriego"—?

3. Salud psicológica: ¿Tiene alguna deficiencia psíquica o mental?

4. Salud física: ¿Tiene alguna enfermedad relevante que pudiera afectar la vida matrimonial?

5. Salud financiera: ¿Es capaz de generar al menos lo necesario para sustentar a una familia?

Como se ve, el primer punto de esta lista es la *salud espiritual*. Porque sí importa. Y no sólo para "coincidir", sino porque en la vida matrimonial es importante que los dos compartan, en lo posible, una *visión común de la vida*, que dé a ambos la misma profundidad, el mismo contexto y marco de fe y de confianza en Dios. Obviamente, está luego también el importantísimo tema de la formación religiosa de los hijos. Es un hecho innegable que el legado de ambos papás en materia de fe es fundamental. Cuando papá y mamá viven activamente su fe, dejan una huella profunda en sus hijos. Ver a sus papás acercarse al confesionario y comulgar porque *necesitan de Dios*, es una lección de vida que no tiene precio para los hijos.

Ahora bien, siendo realistas, pocas parejas comparten el mismo nivel de fe o profundidad espiritual. A veces ni siquiera comparten la misma religión. Pero, si aun así, cada uno es coherente con su práctica religiosa, el ejemplo para los hijos será perdurable. Lo viví en casa. Mi papá nació y creció católico. Pero decepcionado por muchos católicos que vivían con poca coherencia su fe, se dejó convencer por una familia mormona de gran calidad humana y espiritual y se afilió a la "Iglesia de Jesucristo de los santos de los últimos días". Mi mamá discutió muchísimo con él y al final terminó por aceptar su decisión, a la que sólo impuso una condición: "Nos casamos católicos y nos comprometemos a educar a nuestros hijos en la fe católica: te ruego que respetes este compromiso". Él aceptó la condición y, de hecho, fue muy respetuoso de nuestra formación católica.

Algunas tradiciones valiosas

Cada familia tiene un rostro, una fisonomía propia.

Una de las tradiciones familiares más valiosas es la práctica religiosa habitual en sus diferentes modalidades. Asistir a la Misa dominical, de hecho, es un momento clave de la semana y un ancla de la vida familiar. Se diría que toda la semana confluye en ese momento que es, a la vez, familiar y eclesial; y de él se extrae la savia, la inspiración, la fuerza para afrontar los retos y las exigencias de la siguiente semana. La Misa tiene cuatro finalidades básicas: *agradecer* y *alabar* a Dios por ser Él quien es y por todo lo que nos ha dado, y *pedirle perdón* y *suplicarle* aquello que más necesita la familia en su conjunto y cada miembro en particular.

En cierta ocasión que fui a celebrar Misa, caminando a la puerta de la iglesia, coincidí con un papá que llevaba a un niño de la mano. Alcancé a escuchar al niño: "Papá, ¿por qué venimos otra vez aquí?"; y al papá: "Porque nos hace mucha falta".

Orar juntos en familia es una tradición de enorme *valor y fuerza pedagógica*. Hay familias que reservan un breve momento cada día para rezar alguna oración o para agradecer a Dios, con las propias palabras, las gracias recibidas y encomendarle las principales intenciones de la jornada. Hay quienes rezan con sus hijos de camino al colegio para ofrecerle a Dios el día. No pocas familias bendicen los alimentos antes de comer y rezan juntas un misterio del Rosario antes de dar la bendición a sus hijos por la noche.

Todas estas tradiciones forman parte de ese *aire de familia* del que ya hemos hablado, y que da a cada miembro un alto sentido de pertenencia además de un valioso hábito de contacto con Dios a través de la acción de gracias, la alabanza, la súplica y el ofrecimiento.

Otras tradiciones tienen que ver con *hábitos morales* o *buenas costumbres,* como son el cuidado del vocabulario en casa —no permitiendo las groserías o vulgaridades—; el hábito de hablar bien de los demás —o *"benedicencia",* término que tristemente no recoge aún el *Diccionario de la Real Academia Española de la Lengua,* debería usarse y practicarse mucho más que su antónimo "maledicencia", que sí está registrado en el Diccionario—. El respeto mutuo, el intercambio de regalos y hasta ciertos "códigos de guerra", forman parte de estas tradiciones. Tengo cuatro hermanos, todos varones, así que no es difícil imaginar que frecuentemente convertíamos la casa en campo de batalla. Se valía casi todo: llaves de lucha libre, candados, patadas y golpes a puño cerrado, pero jamás en la cara. Era una "regla no escrita" que todos respetábamos a rajatabla, sin importar cómo nos estuviese yendo en el combate.

Las tradiciones son las "mejores prácticas" de la humanidad, amasadas en forma de costumbre o recurrencia para evitar que se pierdan.

Las tradiciones familiares no se improvisan. Cada pareja decide qué quiere incluir en esta *genética y fisonomía familiar.* De hecho, suelo sugerir a los novios que, antes de casarse, hagan una breve lista de las principales tradiciones que les gustaría incorporar a su vida familiar, conscientes de que ellas irán configurando su hogar, dándole ese *aire de familia* que todo hogar debe tener, y que constituye, de por sí, un eficacísimo ambiente formativo y educativo para los hijos.

7. INTIMIDAD

Por si dejaste a Dios fuera de la alcoba

Dos bienes fundamentales del matrimonio

La Iglesia católica y no pocos filósofos y teólogos han dedicado valiosos documentos y libros al valor y sentido profundo de la sexualidad matrimonial. Personalmente recomiendo de modo especial la exhortación apostólica *Familiaris consortio* del Papa san Juan Pablo II, que publicó en 1981; particularmente su segunda parte, titulada: *El designio de Dios sobre el matrimonio y la familia*, que recoge de modo sintético y didáctico las grandes enseñanzas de la Iglesia en torno a este tema. Está también el ciclo de catequesis que el mismo Papa dedicó al tema de la sexualidad conyugal desde la teología bíblica, y que ha dado origen a una nueva línea de pensamiento teológico que hoy suele llamarse "Teología del cuerpo".

En cualquier caso, la ética sexual matrimonial gira en torno a dos bienes o dimensiones fundamentales: la unión conyugal y la procreación. Con otras palabras: el hombre y la mujer se casan para vivir juntos y formar una familia. El matrimonio es una «comunidad íntima de vida y amor»[18]. Esta brevísima definición permite ver de golpe los dos bienes

---

18 Juan Pablo II, Exhortación apostólica *Familiaris consortio* 11

fundamentales: la unión (amor) y la procreación (vida). Bienes que se encuentran indisolublemente unidos y entrelazados, por lo que el hombre y la mujer no pueden separarlos sin contradecir la esencia de su vida matrimonial. Por motivos pedagógicos, sin embargo, estudiaremos en este capítulo la dimensión unitiva y dedicaremos el próximo a la dimensión procreativa.

El significado de la sexualidad matrimonial

Nunca exulta tanto la creación como cuando un hombre y una mujer, dando cauce y expresión al amor que mueve el Universo, se unen en la más profunda, gozosa, bella y fecunda de las intimidades. Si todo el cosmos es, en expresión de Descartes, obra de "un gran Matemático" apasionado por el orden, la perfección y la armonía, se diría que la sexualidad es obra de "un gran Poeta", apasionado por el amor, el romance y las buenas historias.

No hay otra manera de decirlo: la sexualidad es una genialidad divina. La sexualidad se orienta esencialmente a la procreación, pero no se agota en ella. La sexualidad es sello de la imagen y semejanza de Dios, impresas en el ser humano. Cuando Dios pensó en el ser humano, lo diseñó de manera que pudiera "mirarse en él" como en un espejo. Así, la unión matrimonial y familiar reflejan el "rostro" mismo de Dios, que es uno y múltiple al mismo tiempo: un solo Dios y tres Personas distintas. Precisamente como ocurre en el matrimonio, donde dos personas se funden en una sola carne; y, cuando tienen hijos, la tríada "padre-madre-hijos" forma una sola familia.

Tres marcos de referencia

Cómo vive la sexualidad cada pareja es algo muy privado, muy personal, muy propio de cada pareja. Sin embargo, existen algunos marcos de referencia que pueden ayudar a los esposos a vivir su intimidad conyugal con más valor, sentido y plenitud.

Sin importar el conocimiento y la experiencia que los novios tengan antes de casarse, los nuevos esposos siempre son novatos. Porque la intimidad conyugal es, más que "ciencia y técnica", espacio de relación que siempre constituye, para los recién casados, un campo virgen, en el que hay mucho que descubrir, aprender y desarrollar.

> La sexualidad es obra de un gran Poeta, apasionado por el amor, el romance y las buenas historias.

No pretendo, ni muchísimo menos, ofrecer aquí una visión exhaustiva de la sexualidad matrimonial. Más bien presento a los esposos y a los novios en preparación al matrimonio tres grandes marcos de referencia como una ayuda para que puedan también discutir este delicado tema con profundidad, conocimiento y claridad.

Relación completa

El primer marco de referencia en la sexualidad matrimonial tiene que ver con el *cómo debe ser* una relación sexual. La Iglesia católica, como Madre y Maestra de vida, enseña que «los actos con los que los esposos se unen íntima y castamente entre sí son honestos y dignos y, ejecutados de manera verdaderamente humana, significan y favorecen el don recíproco, con el que se enriquecen mutuamente en un clima de gozosa gratitud»[19].

Como se puede apreciar en este texto magisterial, la visión de la Iglesia sobre la sexualidad matrimonial es muy positiva, contrariamente a lo que algunos piensan. Reconoce que los actos íntimos de los esposos son honestos y dignos;

---

19 Concilio Vaticano II, *Gaudium et spes*, 49

que favorecen el enriquecimiento mutuo y crean un clima de gozo y gratitud. Las únicas "dos condiciones" que Ella señala es que sean actos *entre esposos* y que se realicen de manera *verdaderamente humana*. Es decir, se excluyen los actos sexuales fuera del matrimonio y aquellos actos dentro del matrimonio que no correspondan a una sexualidad verdaderamente humana.

Ahora bien, la relación íntima es verdaderamente humana cuando todos los actos o gestos entre los esposos se integran en una relación de carácter *inter-personal* —no sólo corporal o genital—, y se realizan de manera *completa*, es decir, culminando con la *penetración* y *eyaculación intra-vaginal* o *intra-corpórea*. Esto último, obviamente, es una condición exigida por la apertura intrínseca de todo acto sexual a la vida, como veremos en el capítulo sobre la procreación.

> La intimidad conyugal es siempre para los recién casados un campo virgen en el que hay mucho que descubrir, aprender y desarrollar.

Habiendo dicho esto, es evidente que los actos sexuales "no completos" —como pueden ser el *onanismo* (o coito interrumpido) y la masturbación recíproca— y los gestos o prácticas que no favorecen el respeto mutuo o el carácter interpersonal de la relación, contradicen el significado *verdaderamente humano* de la intimidad conyugal. De hecho, es muy triste que un acto tan hermoso, y que de suyo favorece tanto la comunión entre los esposos, se convierta en una manera egoísta de "usar al otro", buscando como objetivo primario de la relación el placer sexual a cualquier precio. El joven obispo Karol Wojtyla dedicó a este delicado tema su libro *Amor y responsabilidad*, en el que habla de la *norma personalista* como criterio general que debe orientar las relaciones íntimas entre los esposos. Dicha norma exige, en esencia, que ninguna persona sea tratada como "objeto", pues el utilitarismo se opone directamente al amor. Dice textualmente: «La persona es un bien que no concuerda con la utilización, puesto que no puede ser tratado como un objeto de placer y, por lo tanto, como un medio»[20]. Dentro de este marco se entiende también por qué la anticoncepción no permite una relación "completa". No sólo porque física o farmacológicamente constituya un "bloqueo" en la relación sexual, sino, sobre todo, porque cambia el significado de la relación y degenera fácilmente en un acto "utilitario".

Débito conyugal

El segundo marco de referencia tiene que ver con la periodicidad o frecuencia de las relaciones sexuales. No existe un canon o fórmula al respecto. Hay que subrayar, sin embargo, que las relaciones maritales, sin ser el único elemento importante de la vida matrimonial, son un poderoso vínculo y, por lo mismo, no deberían abandonarse o diferirse por mucho tiempo. Obviamente, no es lo mismo una pareja de recién casados que una con muchos años de rodaje matrimonial. Con el tiempo, y sobre todo, con la llegada de los hijos y sus requerimientos, a veces es difícil encontrar el tiempo y el espacio adecuados para las relaciones íntimas.

Por *débito conyugal* se entiende el deber que tienen los esposos de acceder a toda solicitud razonable de intimidad. Es decir, cuando uno de los dos pide razonablemente un acto sexual, el otro está obligado a concederla. Se trata de un *deber de estado*, como muchos otros que derivan de la alianza matrimonial. De hecho, el Código de Derecho Canónico de 1917, refiriéndose al consentimiento matrimonial, utilizaba la expresión latina *"ius ad corpus"*, que literalmente significa:

---

20 Cf. K. Wojtyla, *Amor y responsabilidad*, Palabra, 3ª ed., p. 108

"derecho al cuerpo"[21]. El Código de Derecho Canónico actual —de 1983— no utiliza ya esta expresión, pero el principio sigue vigente, pues no carece de fundamentación bíblica y sacramental. El principio bíblico aparece en la primera carta de san Pablo a los corintios, y dice así: «El marido otorgue lo que es debido a la mujer, e igualmente la mujer al marido. La mujer no es dueña de su propio cuerpo: es el marido; e igualmente el marido no es dueño de su propio cuerpo: es la mujer. No os defraudéis uno al otro, a no ser de común acuerdo por algún tiempo, para daros a la oración, y de nuevo volved a lo mismo a fin de que no os tiente Satanás de incontinencia»[22].

Este principio obedece, a su vez, a una *lógica sacramental.* Cuando el hombre y la mujer se desposan en matrimonio, cada uno se entrega *totalmente* al otro. Esta totalidad incluye el cuerpo, por lo que, como dice san Pablo, ni el hombre ni la mujer son ya dueños de su propio cuerpo. El sacramento no sólo *significa* sino también *realiza* esta entrega total. A partir del consentimiento matrimonial se establece una nueva relación de *derechos mutuos,* por lo que toca a la disponibilidad para las relaciones íntimas entre los esposos. Por eso, el sacramento del matrimonio no se *consuma* hasta que los nuevos esposos se entregan mutuamente en su primera relación sexual. Sólo entonces se le llama técnicamente "matrimonio rato y consumado".

Ahora bien, dijimos que el débito conyugal supone una requisición "razonable". Pero ¿qué significa "razonable"? Significa que debe tomar en cuenta tanto las circunstancias de tiempos y lugares como la situación personal de cada uno y de la pareja. Ni todo lugar ni todo momento son idóneos para la intimidad. Cada cosa tiene su tiempo y su espacio.

---

21 *Código de Derecho Canónico de 1917,* c. 1081 §2

22 *1 Cor* 7, 3-5

La intimidad conyugal no es la excepción. Requiere de un contexto adecuado. Tampoco sería razonable exigir un acto sexual cuando el cónyuge se encuentra indispuesto por enfermedad, fatiga excesiva o una situación anímica incapacitante. El cónyuge fino y atento sabrá ser prudente en tales circunstancias y no exigir lo que el otro no puede dar. Al mismo tiempo, el grado de indisposición sólo lo conocen la persona y Dios. El "dolor de cabeza" es siempre una buena excusa, pero la conciencia, si está bien formada, sabrá reclamar quizá una actitud más disponible. Por lo demás, el "no tener ganas" no es, de suyo, una indisposición. La intimidad conyugal, como tantos otros *deberes de estado*, exige "echarle ganas" cuando éstas faltan. Otros deberes, como llevar a los niños a la escuela o ir a trabajar hacen ver más claramente que no todo es cuestión de "tener ganas". Muchas tareas se hacen porque se tienen que hacer, independientemente del humor del momento. Y se hacen también por caridad hacia los demás, no sólo por deber.

Por otro lado, no es ningún misterio, que el hombre —dada su constitución fisiológica y psíquica— suele ser más demandante que la mujer en el campo sexual. Ello supone que la mujer, por caridad y por atender bien a su marido, tiene que hacer su mejor esfuerzo y ofrecer su mejor cara cuando él, razonablemente, le solicite un momento de intimidad. Al hacerlo, puede estar segura de que está construyendo su matrimonio y ayudando a su marido, de paso, a vivir más fácilmente las exigencias de la fidelidad. De hecho, en mis conferencias suelo exhortar vivamente a los matrimonios a "que se atiendan" mutuamente. Pido a las mujeres que no mantengan por mucho tiempo al marido "en ayunas". En un mundo tan lleno de tentaciones y provocaciones, quien quiera un marido casto debería procurar "darle de comer" en casa. Y lo mismo vale para los maridos. Quienes quieran una esposa fiel, tienen que atenderla también. Sólo que la mujer requiere una atención más afectiva que sexual. Una mujer, además de intimidad, necesita básicamente cuatro cosas: sentirse escuchada, atendida, querida y valorada. Cuando una esposa no recibe esto de su marido, y encuentra —o reencuentra— a alguien que la hace sentir escuchada, atendida, querida y valorada, no es raro que después "vaya más lejos". El débito conyugal, como se ve, —y como sugiere el mismo san Pablo en su carta— es mucho más que un deber de estado: es un factor de protección matrimonial.

Finalmente, hay que decir que el débito conyugal es también cuestión de *ejercicio*. Así como no pocas personas llegan a los setenta u ochenta años con muy buena condición física, porque siempre han hecho ejercicio, así también los matrimonios pueden llegar a la tercera edad con muy buena "condición sexual", si cumplen asiduamente sus deberes mutuos, también cuando "no tienen ganas". Y, como de hecho pasa con el ejercicio físico, el esfuerzo siempre recibe su paga.

Cara a cara

El tercer marco de referencia no es ningún mandamiento u obligación, es más una recomendación. Se parte de una pregunta: ¿Cuál es la diferencia entre la relación sexual humana y el coito animal? La gran diferencia es el hecho de que la primera es una *relación inter-personal*, mientras la segunda es un mero comportamiento instintivo-animal. Aunque, como afirma Ramón Lucas, también el hombre posee instintos, es decir, tendencias innatas hacia determinados comportamientos y objetos, en él no tienen el carácter fijo ni determinante que tienen en los animales; es decir, son tendencias impregnadas de libertad[23]. Por eso,

---

23 Cf. R. Lucas Lucas, *El hombre, espíritu encarnado*, Sígueme, 2003, p. 131

algunos autores prefieren hablar, en el caso del hombre, más que de instintos de *inclinaciones naturales*. En cualquier caso, la diferencia estriba en que los animales no tienen opción al unirse sexualmente; sólo "saben" una manera de hacerlo. Los seres humanos, en cambio, no están predeterminados a realizar el acto sexual de una manera instintiva. Poseen libertad no sólo para decidir cuándo sino también cómo realizarlo.

Ahora bien, apoyados en tal libertad, ¿es posible favorecer de alguna manera esa *dimensión interpersonal* durante la relación sexual? En este contexto se inserta el tercer marco de referencia que propongo a las parejas: el de buscar aquellos gestos y modos de relacionarse que favorezcan, precisamente, el *intercambio personal* durante la relación. Ahora bien, todo el cuerpo humano posee un *significado esponsal*, es decir, es un cuerpo cuidadosamente diseñado por Dios para expresar amor, como explicó san Juan Pablo II en una de sus célebres catequesis sobre el amor humano[24]. La relación sexual será tanto más *inter-personal* cuanto más los esposos se *"vuelvan don"* el uno para el otro. Esta donación supone dominio personal, es decir, capacidad de renuncia al propio egoísmo para buscar el bien del otro. Es evidente, por lo demás, que aun siendo todo el cuerpo humano digno del más alto aprecio y respeto, el rostro constituye el "elemento personalizador" por excelencia. Se reconoce a las personas por su rostro; no por su mano, su pie o su espalda. Todos aquellos gestos y comportamientos que durante la relación permitan de alguna manera el contacto "cara a cara" (en latín, *"vis a vis"*), sin duda favorecen el que la relación se mantenga como un verdadero *encuentro personal* y no sólo como un contacto meramente corporal-genital.

---

24 Cf. Juan Pablo II, *Catequesis en la Audiencia General*, 16 de enero de 1980

Quien más agradece este tipo de relación suele ser la mujer. De hecho, en el marco de la fisiología sexual femenina, ella requiere mucho más que el hombre un preámbulo de ternura, afecto, cercanía personal, que se dan sobre todo a través del cruce de miradas, del intercambio de sonrisas y gestos, de caricias en el rostro, de palabras al oído. Cuando el hombre no presta atención a estos preámbulos, puede provocar en la mujer inadvertidamente la sensación de estar siendo "usada" más que amada.

A modo de síntesis

Estos tres marcos de referencia, con su diferente grado de obligatoriedad, dejan un amplio margen a la iniciativa de los esposos. De hecho, dichos marcos bien podrían convertirse en "acuerdos" o "pactos" entre los esposos como los *mínimos básicos* sobre los cuales pueden construir una sana vida sexual. Dicho esto, también la creatividad, la imaginación y hasta la "complicidad" son elementos legítimos que permiten romper la monotonía y vivir una intimidad *verdaderamente humana*.

De hecho, no pocos autores hablan del aspecto lúdico de la sexualidad. "*Ludus*" significa "juego" en latín. Esto quiere decir que la intimidad matrimonial, aun conservando su altísima dignidad, no tiene por qué ser un "ritual" monótono y aburrido. Por algo quiso Dios introducir en el ejercicio de la intimidad conyugal un fuerte elemento de goce corporal. El Papa Pío XII expresó a este respecto un profundo criterio orientador: «El mismo Creador, que en su bondad y sabiduría ha querido para la conservación y la propagación del género humano servirse de la cooperación del hombre y de la mujer uniéndoles en el matrimonio, ha dispuesto también que en aquella función los cónyuges experimenten un placer y una felicidad en el cuerpo y en el espíritu. Los cónyuges, pues, al buscar y gozar este placer no hacen nada de malo. Aceptan lo que el Creador les ha destinado»[25].

Pienso, por lo demás, que el placer de la intimidad conyugal es un reflejo de la alegría de Dios ante el prodigio de la unión de dos de sus hijos mediante un amor sincero, pleno y abierto al indescifrable don de la vida.

---

25 Pío XII, *Discurso al Congreso de la Unión Católica Italiana de Obstetras*, 29 de octubre de 1951

8. LOS HIJOS

El don de la procreación

Trascender

Las parejas se casan para tener hijos. Hay que añadir inmediatamente, sin embargo, que los hijos no son un derecho sino un don. Los esposos no son los "dueños" de la vida. Sólo Dios lo es. Pero Él mismo ha puesto en el corazón de los esposos el profundo deseo y casi la necesidad de tener hijos. Porque se trata, en un marco más amplio, de una exigencia universal: la especie humana, para subsistir, requiere de la fecunda contribución de los esposos.

Los esposos se convierten así en verdaderos *creadores de existencia humana*. Es decir, son verdaderos colaboradores de Dios en la creación continua de la humanidad. Como escribió Karol Wojtyla: «Por la procreación, por su participación en el comienzo de la vida de un nuevo ser, el hombre y la mujer participan a un mismo tiempo a su manera en la obra de la creación. Se pueden, pues, considerar como los creadores conscientes de un nuevo hombre»[26]. Es cierto que, desde el punto de vista biológico, el hombre y la mujer sólo aportan los gametos (óvulo y espermatozoide) para la concepción de una nueva vida humana, y hace falta la intervención directa e

---

26 Cf. K. Wojtyla, *Amor y responsabilidad,* Palabra, 3ª ed., p. 152

inmediata de Dios para la infusión del alma espiritual en ese nuevo ser humano. Todavía más, la creación del hombre no se limita a su generación biológica, sino que requiere también de la *educación* para que la persona humana llegue a su pleno desarrollo. Los esposos completan y culminan su fecundidad en la educación de los hijos.

Los hijos son, por lo demás, el modo de trascender de los esposos. Ellos son la prolongación de la vida de los esposos en el tiempo. Y son, por así decirlo, una prolongación "indefinida", pues los hijos, a su vez, tendrán sus hijos. En este sentido, cada hijo es potencialmente el primer eslabón de una nueva cadena de generaciones humanas. Ya se intuye el valor infinito de cada nueva vida humana.

Los hijos son, además, la vida y razón de ser de los matrimonios. Tanto que, quienes no han podido engendrarlos, sufren profundamente y hacen lo imposible por concebirlos mediante técnicas de reproducción asistida o adoptarlos. La obligación y el quehacer diario de los padres de familia por sus hijos se ve ampliamente compensada con la motivación, la alegría y la inspiración para levantarse cada día a salir a dar lo mejor de sí mismos.

¿Cuántos hijos?

Siempre me ha estremecido el hecho de que Dios, siendo el Creador Todopoderoso del Universo, haya cedido al hombre la decisión de procrear vidas humanas. En cierto modo, Dios se ha atado las manos y ha querido subordinar su poder creador a la iniciativa y generosidad de los esposos. Por eso, el hombre y la mujer, usando responsablemente su capacidad generativa, se constituyen como *pro-creadores*, colaborando con Dios en la generación de nuevos seres humanos. Y así como por un inmenso acto de amor Dios creó al ser humano, así quiso que el hombre y la mujer, mediante un inmenso acto de amor —la relación sexual—, procrearan nuevas vidas humanas.

Cuando una pareja de novios decide casarse, quizá uno de los primeros temas de discusión es el de *cuántos hijos tener.* No pocas parejas quisieran tener "muchos" hijos pero, siendo realistas, ponen un número más modesto en su cabeza. Debe quedar claro desde ahora que los esposos son los únicos que pueden y deben decidir cuántos hijos tener. Ninguna instancia estatal, médica o religiosa debe coaccionar a los esposos para que tengan un determinado número de hijos. Lo que no significa que no se pueda ofrecer a los esposos criterios de discernimiento. Personalmente suelo hacer una propuesta que parece atrevida, pero quizá sea la más realista: sacar de la cabeza cualquier número y poner en su lugar una convicción de otro tipo: *los más que podamos.* La frase no significa "una docena". Significa solamente "los más que puedan". Si pueden dos, que sean dos; si tres, que sean tres; si cuatro, que sean cuatro; y así sucesivamente. La frase tiene como fundamento el más crudo realismo: los novios, al casarse, desconocen muchas variables que irán surgiendo en su vida matrimonial. Como ya se dijo, *el matrimonio es una caja de sorpresas.* Por ello, el escenario más realista es reconocer que aún no saben cuántos hijos podrán tener. Cuando tengan un hijo, tendrán que preguntarse: "¿Podemos uno más?" Y así, con cada nuevo hijo. Ahora bien, para entender mejor el significado de la frase, hay que analizar por separado sus dos partes contrapuestas: *"Los más"* y *"que podamos".*

"Los más..."

"Los más..." significa "ni uno menos de los que podríamos tener". Es decir, si una pareja puede tener tres hijos, no debería tener dos; y si puede tener cuatro, no debería tener tres. La razón de esto es que cada nueva vida humana es un *don invaluable* o, mejor aún, un *don infinito.* Ante todo, para quien la recibe. Los esposos tienen el increíble poder de conceder a una criatura humana *el don de existir ¡para siempre!* Los esposos no dan la vida al hijo por unas cuantas décadas; se la dan por toda la eternidad. De igual manera, los esposos tienen el terrible poder de negar la existencia a quien pudo existir, ver la luz, amar, reír, jugar, trabajar, formar una familia y dar vida a una nueva cadena —inimaginable en longitud y amplitud— de generaciones humanas. ¿Cuántos "niños" se habrán quedado en "el país de nunca jamás"?

En segundo lugar, cada hijo es un don infinito *para Dios.* Él "no puede" tener hijos si no es a través de la mediación humana. Cuando los esposos tienen un nuevo hijo, le están haciendo también un regalo a Dios. El hijo engendrado es también "hijo de Dios", destinado a vivir en el Cielo con Dios Padre por siempre.

En tercer lugar, cada hijo es, al mismo tiempo, un don infinito para sus padres. Basta ver cómo transforma sus vidas, cómo la llena de ilusión, de alegría —aun en medio de tantas fatigas y preocupaciones—. Mi hermano mayor se casó ya entrado en años y tuvo un hijo a los 50. Pocas veces he visto transformaciones tan extraordinarias en una vida. Mi sobrinito literalmente "lo ha vuelto loco". No creo que mi hermano hubiera podido imaginar el tamaño de la alegría que le traería un hijo.

Finalmente, cada nuevo hijo es un don invaluable para sus hermanos y, en un marco más grande, para la sociedad, para el mundo. Por eso, a la hora de pensar qué más dar a los hijos, nunca hay que dudar que el regalo más grande siempre será —cuando es posible— un hermano. Porque es un compañero de vida, un entrenador y gimnasio de convivencia humana; un maestro de muchas lecciones sobre lo que significa compartir espacios, tiempos, afectos, juguetes, intereses, y muchas cosas más.

A veces uso una analogía para explicar mejor a los novios el valor de cada hijo. Imaginen que tienen un tío bastante rico y querendón. Poco antes de su boda, los cita en su oficina porque quiere ofrecerles una "ayudadita" inicial. Después de felicitarlos y animarlos a ser buenos esposos, abre un cajón y saca una pequeña bolsa de piel, que vierte cuidadosamente sobre el escritorio. Los novios ven sobre la mesa seis diamantes certificados y valuados en cien mil dólares cada uno. ¿Acaso tomarían sólo tres diamantes y devolverían los restantes, diciendo: "Muchísimas gracias, tío, pero con estos tres tenemos suficiente"? ¿No tomarían los seis diamantes, aunque cubran de sobra sus necesidades inmediatas? Pues bien, un hijo es mucho más que un diamante de cien mil dólares.

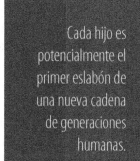

Cada hijo es potencialmente el primer eslabón de una nueva cadena de generaciones humanas.

"...que podamos"

Es evidente que un hijo más sería maravilloso. Pero, ¿cómo saber si podemos o no? La decisión es enorme y requiere un discernimiento responsable, basado en criterios objetivos, hasta donde es posible. Simplificando un poco, habría tres criterios que considerar: la salud física, la salud emocional y la salud financiera.

Por lo que toca a la *salud física*, nos referimos sobre todo a la salud de la madre. Se trata de una decisión médica sobre las condiciones necesarias para concebir y dar a luz a un hijo con el menor riesgo posible para el hijo y para la madre. Hay situaciones médicas que desaconsejan un ulterior embarazo. Corresponde al médico informar a los esposos sobre dichas situaciones, dejando la decisión final a ellos. Ellos, por su parte, tomarán en cuenta tal valoración para su discernimiento, sobre todo cuando se desaconseja un nuevo embarazo.

La *salud emocional* es un concepto menos objetivo, pero no menos importante que la salud física. Por salud emocional entendemos las condiciones psicológicas y emocionales que permitirían a los esposos tener más hijos. Hablo de los dos esposos pero, de nuevo, hay que preguntarse por la salud emocional de la mujer, por ser ella quien ordinariamente lleva más carga al momento de tener, atender y educar a los hijos, sobre todo en sus primeros años de vida. Hay mujeres que tienen una psicología "de cemento armado". Son muy robustas emocionalmente, con gran capacidad de gestión y resistencia. Conozco a una señora que es madre hoy de nueve hijos. No es difícil intuir la variedad de situaciones que debe afrontar cada día: estudios universitarios, amigos, novios/as, fiestas y desveladas de los hijos mayores, las situaciones típicas de sus hijos e hijas en plena adolescencia, los entrenamientos de futbol de los niños y las clases de baile de las niñas y, por último, las citas con el pediatra, las vacunas y los cuidados del bebé. ¿Cómo hace para afrontar todo esto? Maneja bien el estrés, tiene una psicología serena —cero aprehensiva; si lo fuera, ya se hubiera dado un tiro— y delega responsabilidades a sus hijos, encargando a unos de otros. De este modo no son "nueve contra una" —o dos, si incluimos al marido, que también hace su parte—, sino que todos "arriman el hombro". Su casa es una verdadera escuela de paternidad y maternidad para sus hijos.

Otras mamás tienen una psicología menos resistente y más aprehensiva; pierden fácilmente el control. Quizá con dos o tres hijos se sienten ya agobiadas y desbordadas. Obviamente, se aprende mucho sobre la marcha. El primer hijo suele ser una preocupación constante. Apenas se mueve, gime o llora, la mamá siente que debe "hacer algo". La tecnología hoy permite a muchas mamás "monitorear" permanentemente al hijo mediante cámaras, micrófonos y una aplicación que llevan en su teléfono móvil. Quizá en unos años más haya "mamásrobot" junto a la cuna, que permitirán a las mamás "meter las manos" a distancia en caso de necesidad.

En cualquier caso, lo normal es que las mamás se vuelvan menos aprehensivas con la experiencia. Nos contaba no hace mucho un sacerdote de nuestra comunidad que su hermana tenía en brazos a su quinto bebé. En cierto momento se le cayó el chupón de la boca al piso. La mamá, sin pensarlo, lo recogió y se lo metió de nuevo en la boca. Su hermano intervino preocupado: "¿No le hará daño?" Ella contestó serena: "Cuando es tu primer hijo sí, cuando es tu quinto ya no".

Cada pareja debe autoevaluarse y medir sus propias fuerzas emocionales para discernir si pueden o no asumir la responsabilidad de un hijo más. Pero han de hacerlo a sabiendas de que el no poder atender *en todo momento* a cada hijo no siempre es en perjuicio, sino también en beneficio del hijo. Existe una interesante teoría al respecto. Cuando la pareja tiene sólo un hijo los "reflectores" de ambos padres se concentran en él, sobreprotegiéndolo. Cuando tienen dos, se reparten entre los dos. Cuando tienen tres o más hijos, al menos uno queda "en la penumbra". Dicha penumbra o *sombra de libertad* constituye un espacio de autonomía que permite al niño vérselas por sí mismo frente a diversas situaciones, desarrollar su capacidad de reacción y, en definitiva, madurar.

Por último, hay que considerar la *salud financiera*. Este criterio es más flexible de lo que algunas parejas imaginan. Por salud financiera se entiende la solvencia necesaria para garantizar dos necesidades vitales de los hijos: salud y educación. La salud abarca no sólo la atención médica sino también la alimentación, el vestido, el deporte, las condiciones de higiene, etc. La educación comprende la colegiatura, los libros, los materiales didácticos, etc. —y, de ser posible, alguna actividad formativa extracurricular—. Lo que no quede comprendido de alguna manera bajo los conceptos de salud y educación no debería pesar en el discernimiento sobre la posibilidad de engendrar un hijo más. Porque, además de salud y educación, no hay nada mejor que dar a los hijos un hermano. Lo decía el autor de un artículo con el sugestivo título *El miedo a los hijos no es irreversible*: «Los padres se recordarán a sí mismos que es menor mal negar a sus hijos ciertas comodidades y ventajas materiales, que privarlos de la presencia de hermanos y hermanas que podrían ayudarlos a desarrollar su humanidad y realizar la belleza de la vida con cada una de sus fases y en toda su variedad».

Cuándo empezar

Queda una última cuestión, que acompaña en particular a los nuevos esposos: ¿Cuándo buscar el primer hijo? Como hemos dicho, los bienes esenciales del matrimonio son el amor y la vida; es decir, la unión y la procreación. Algunos recién casados conciben su primer hijo desde la noche de bodas. Otros prefieren esperar un poco, mientras se ajustan a su nuevo estilo de vida y preparan el espacio adecuado para recibir al primer bebé. De hecho, no pocas parejas de recién casados viven sus primeras semanas o meses de matrimonio en situaciones algo provisorias. Sin duda, son motivos válidos para no encargar de inmediato al primer hijo. Pero tampoco hay que olvidar que los bebés no nacen al día siguiente de ser concebidos; normalmente tardan nueve meses en llegar.

> Los esposos tienen el increíble poder de conceder a una criatura humana *el don de existir ¡para siempre!*

Esto no quiere decir que haya que encargar a como dé lugar en la luna de miel. El principio general podría, más bien, enunciarse así: "en cuanto sea posible".

En cualquier caso, no procede retrasar indefinidamente y sin motivo la procreación, siendo un bien esencial del matrimonio. Si alguien no se siente "preparado" para tener hijos es que no está preparado para casarse todavía, y lo que debería retrasar es la boda.

Que una pareja decida esperar un tiempo razonable hasta lograr cierta estabilidad parece sensato. Pero "tiempo razonable" no equivale a "varios años". Meses, tal vez un año; de nuevo, considerando que el hijo tardará casi otro en nacer. El hecho de procrear hijos a temprana edad tiene, entre otras ventajas, la de ofrecer al hijo lo mejor de la propia salud y vigor a lo largo de su infancia, adolescencia y juventud. Asimismo, abre un arco de tiempo más amplio para espaciar los hijos y estar en mejores condiciones de salud física y emocional para ellos.

El drama de la infertilidad

Ordinariamente, el corazón de los esposos está "pre-configurado" para desear y acoger a los hijos. La infertilidad, por lo mismo, constituye una experiencia dramática para la pareja. Entre 11% y 15% de las parejas sufren de alguna manera la condición de infertilidad. Ahora bien, como ocurre con otras condiciones médicas, no se llega a un diagnóstico rotundo de cada caso sino hasta después de una suma de indicios. El criterio para definir una posible condición de infertilidad es un año completo intentando el embarazo sin resultados. Como señala un experto en gineco-obstetricia, «hay literalmente cientos de eventos bioquímicos y moleculares que tienen que ocurrir perfecta y sincronizadamente para lograr la concepción y el desarrollo de un embarazo». No sin razón se habla de "el milagro de la vida". El hecho es que, en condiciones normales, este milagro —o cadena de milagros— sucede una y otra vez. También sucede que algunas parejas pueden tener más dificultad para concebir, pero no son infértiles. Cuando ha pasado un año completo sin lograr el embarazo, entonces procede someterse a estudios médicos para buscar la posible causa y eventual solución.

Según la estadística médica actual, de la totalidad de los casos de infertilidad, aproximadamente un tercio tiene una causa bien definida y solucionable farmacológica o quirúrgicamente. Algunos ejemplos son la endometriosis (inflamación del revestimiento interior del útero), las alteraciones bioquímicas del tracto genital, las adherencias o la oclusión de las trompas de Falopio y la anovulación. El segundo tercio de los casos tiene una causa bien definida, pero sin solución. Un ejemplo es la azoospermia testicular (el hombre no produce espermatozoides o los produce en cantidad y calidad tan deficiente que no hace viable la fecundación). En el último tercio de los casos no se encuentra ninguna causa definida. Todo parece normal, pero la pareja, de hecho, no se embaraza. Tal condición suele llamarse "infertilidad idiopática" (o "inexplicable").

La actitud de los esposos, independientemente de la situación concreta en que se encuentren, debería ser la de recibir todo el apoyo médico posible que *les ayude* a ser fértiles, y a rechazar cualquier intervención que, en lugar de ayudar, *les sustituya* en la fertilidad. La Iglesia católica emanó un documento muy iluminador al respecto, en el que subraya los tres grandes bienes o valores que cualquier técnica o procedimiento de ayuda a la fertilidad debe respetar para ser moralmente legítimo: el derecho a la vida y a la integridad física del embrión, la unidad del matrimonio y el valor humano de la sexualidad[27].

En otras palabras, habría que decir "SÍ" a los tratamientos y técnicas médicas que se configuran como una ayuda al acto conyugal y a su fecundidad; y "NO" a las técnicas sustitutivas

---

27 Congregación para la Doctrina de la Fe, *Instrucción Dignitas Personae*, 8 de septiembre de 2008, n. 12

del acto conyugal (como la inseminación artificial) o que pongan en peligro la vida o la integridad física del embrión (como la fecundación "*in vitro*") o que impliquen la "aportación" o "prestación" de cualquier factor o elemento necesario para la reproducción por parte de terceros (como la donación de semen o de óvulos, el alquiler del útero de una "madre subrogada", etcétera).

Por lo que toca, en particular, a la *sustitución* del acto sexual por una "técnica de fecundación", conviene recordar que es la dignidad de la persona la que exige ser el resultado fecundo de un acto de amor entre los esposos. Por ello, la sexualidad matrimonial es la única vía legítima para engendrar nuevas vidas humanas. Y así como no es legítima la sexualidad sin abrirse a la vida, tampoco es legítima la generación de una nueva vida sin recurrir a la sexualidad.

Afortunadamente, la ciencia médica reproductiva sigue avanzando y es cada vez más consciente de que no pocos casos de infertilidad "idiopática" se juegan en el terreno bioquímico y molecular, lo que le permitiría, en el futuro, una intervención con mayor acierto y eficacia, poniéndose cada vez más al servicio de la fecundidad de los esposos.

El recurso de la adopción

Ahora bien, los esposos que, después de razonables y legítimos intentos, no logran concebir hijos propios, podrían, si lo desean, recurrir a la adopción. Y si bien es cierto que ninguna pareja tiene *derecho al hijo*, es cierto que todo ser humano tiene *derecho a un hogar*. La adopción constituye el modo privilegiado de ofrecer hogar a quien no lo tiene y de dar hijos a quienes no los tienen. También es cierto que ningún proceso de adopción viene con garantía absoluta de éxito total. Los hijos adoptados —como los no adoptados— también dan problemas. Esto pone de relieve, sin embargo, el hecho de que la adopción requiere, igual que la procreación, un verdadero acto de amor que no instrumentaliza al niño para satisfacer una "necesidad" de la pareja. Más aún, revela el hecho de que, en el fondo, todos los padres son adoptivos. Porque la verdadera paternidad se realiza, mucho más que en el acto biológico de la reproducción, en el ejercicio de una vocación al servicio del hijo, que dura toda la vida. Como ha dicho la psiquiatra infantil Françoise Dolto, «tres segundos bastan a un hombre para ser progenitor. Ser padre es algo muy distinto. En rigor sólo hay padres adoptivos. Todo padre verdadero ha de adoptar a su hijo». De hecho, Dolto lamenta que hoy haya muchos progenitores y pocos padres.

La adopción ofrece un escenario del todo particular, porque en ella la madre y el padre adoptivos sólo pueden ser eso: padre y madre, no habiendo sido progenitores. La adopción es, en este sentido, un profundo acto de amor, de verdadera y fecunda paternidad, que reserva tanto al hijo como a los padres adoptivos un sinnúmero de frutos y bendiciones.

9. El arte de educar

Principios generales

Uno de los grandes temas de discusión matrimonial es la educación de los hijos. De hecho, cuando pregunto en mis conferencias a los esposos de qué discuten, así me lo confirman.

Qué es educar

Educar es un arte. La palabra viene del latín *"educere"* que significa, literalmente, "conducir hacia fuera, dirigir hacia fuera". El concepto así tiene ya una gran riqueza. Ante todo, evoca la idea de *sacar al hijo* de la ignorancia, debilidad, limitación o dependencia. Sin duda, eso es la educación. Pero más todavía, la educación es *sacar del hijo* su mejor versión; es decir, hacer emerger todo su potencial, talento y virtud. Un hijo educado es aquel que ha podido explorar dentro de sí y desarrollar hasta donde le sea posible todo lo que la naturaleza y la gracia le han dado.

Cómo educar

Educar es mucho más que desarrollar conocimientos y habilidades. Se educa a *toda la persona*. Hace algunos años, la reconocida revista de negocios *Harvard Business Review* publicó un artículo, a propósito del reclutamiento de personal, basado en la imagen de un árbol para describir los diferentes estratos de la persona a los cuales habría que prestar atención. Dicha imagen nos ayuda también a comprender las partes que se deben tomar en cuenta en el proceso educativo. Las hojas del árbol son lo más vistoso. Representan los conocimientos. Hay personas que impresionan por lo amplio y tupido de su ciencia. Pero las hojas no son lo más importante. En el otoño de la vida los conceptos y los datos van poco a poco desprendiéndose y cayendo en el olvido.

Después están las ramas. Representan las habilidades: artísticas, técnicas, sociales, deportivas, etc. Sin duda, cada habilidad hace a la persona más valiosa, útil y equipada. Pero tampoco las ramas son lo más importante. De hecho, a veces hay que podar el exceso de ramas para reconcentrar la fuerza vital en lo esencial.

El tercer elemento es el tronco. Representa la seguridad, estabilidad y solidez de la persona. La robustez psicológica y emocional depende de muchos factores, congénitos y educativos. También de la fe y confianza en Dios. Pero tampoco el tronco es lo más determinante. Hay árboles muertos que siguen de pie por muchos años…

Las raíces del árbol, que representan los principios, valores y convicciones de la persona, son las que sostienen y alimentan al árbol. Una persona sin valores ni convicciones es un árbol sin raíces. Una adversidad puede derribarla, como el vendaval al árbol que no está bien enraizado. Ahora bien, hay raíces sanas y las hay enfermas. Cuando el hombre escoge valores equivocados, sus frutos hacen daño. «Un árbol bueno no puede producir frutos malos, ni un árbol malo producir frutos buenos»[28], decía Jesús.

Por último, está la savia. En ella fluyen las motivaciones profundas; es decir, los amores que mueven y vivifican a la persona. Estamos, ahora sí, en el nivel más profundo y

---

28 *Mt* 7, 18

determinante de la calidad de una persona. La savia lleva la vida a todo el árbol, desde las raíces hasta las hojas. Las buenas motivaciones mantienen sana la vida, impregnada de ilusión y cargada de frutos.

Los papás juegan un papel determinante en la educación de *toda la persona*. Pero no son los únicos. En la historia pedagógica de cada hijo aparecen infinidad de mentores, cada uno dejando su semilla, su aportación, su "impronta" personal. Pero los padres no han de olvidar que en cada historia interviene sobre todo Dios, con su gracia, que ilumina, sana y guía. Como veremos al final de este libro, la oración es determinante no sólo para la vida matrimonial sino también para acertar en la educación de los hijos.

Ahora bien, todo proceso educativo empieza por el desarrollo de la conciencia de sí mismo: "¿quién soy yo?". Los padres constituyen una primera y fundamental respuesta. Ellos son el primer "espejo" del que dispone el hijo para identificarse. En los ojos de sus padres el hijo debería descubrirse, ante todo, como *alguien profundamente amado*. Dicho de otra manera, la primera experiencia educativa debe ser la experiencia del amor. A partir de ahí el hijo debe sentirse también interpelado por las expectativas de sus padres. Obviamente, el hijo no debe pasar la vida intentando llenar las expectativas de sus padres. Más bien éstas deberían ejercer una función motivadora. Porque, en el fondo, quien no percibe que sus padres *esperan más* de él, tampoco se siente amado. Se ha dicho, con razón, que no esperar de quien amamos que sea lo mejor de todo es indiferencia, lo contrario del amor.

Seis principios básicos de educación

Principio 1: Suavidad y firmeza
El primer principio procede de una sentencia latina: «*Suaviter in forma; fortiter in re*». Quiere decir: "Suave en la forma,

firme en el fondo". Este principio inculca actuar con firmeza cuidando las formas. La educación no tiene por qué ser odiosa. Las buenas formas revelan el verdadero "fondo" de la educación. Cuando los papás educan "con las dos manos" — suavidad y firmeza—, los hijos comprenden que las exigencias no son arbitrarias, sino que brotan de un amor que se preocupa de ellos. La firmeza se identifica con una cierta "intransigencia" en todo aquello que se puede "dejar pasar". De hecho, lo más fácil y cómodo sería no intervenir, pero los padres deben saber también que quien no reprime el mal, lo alienta. Firmeza, por lo demás, no quiere decir "dureza" o "castigo" a toda costa. La flexibilidad es también una regla de oro de la pedagogía, siempre que se reconozcan ciertos "límites no negociables", como señala el siguiente principio.

> La primera experiencia educativa debe ser la experiencia del amor.

Principio 2: Pocas reglas, pero que se cumplan
Hay que ser intransigentes, sí, pero en pocas cosas bien elegidas. La intransigencia es pedagógica en la medida en que hace ver al hijo o a la hija que ciertos comportamientos son obligatorios porque son *importantes*. La intransigencia "en todo" envía a los hijos un mensaje equivocado: "si todo es importante, en realidad nada es importante".

Además, ni los padres tienen cabeza y energía para estar detrás de todo ni los hijos son capaces de asimilar muchas reglas. Hay que "escoger las batallas", suele decirse. La Biblia, con su gran sabiduría pedagógica, advierte: «Padres, no exasperéis a vuestros hijos, no sea que se vuelvan apocados»[29].

La clave es escoger bien esas batallas y ser intransigente en ellas. Algunas reglas —como el respeto a la autoridad de

---

29 *Col* 3, 21

los padres— no son negociables. Otras admiten dispensa en ciertas circunstancias, como pueden ser la hora de ir a la cama o el orden en el cuarto o en la casa. No hace poco, una joven mamá me envió un video en el que grabó a sus dos hijos (de cuatro y dos años, respectivamente) que habían convertido el salón de estar en un campo de batalla con el piso regado de cojines. Él, disfrazado de *"Superman"* y ella de *"Wonder Woman"*, se lanzaban por turnos desde el sofá hacia los cojines, a veces con voltereta, en un delirio de felicidad. Tolerar cierto desorden ayuda a veces a distender el ambiente y favorecer la convivencia familiar. Después del tornado todo vuelve a su sitio y el salón de estar recupera su normalidad.

Las reglas deben adaptarse progresivamente según crecen los hijos, siguiendo el *principio de gradualidad*. Cuanto más pequeño es el niño, las reglas son más precisas e inamovibles, pues se trata de formar buenos hábitos. A medida que los niños crecen, las reglas disminuyen y se flexibilizan, dejando más espacio a la iniciativa y responsabilidad. Los padres deben aprender a exigir cada vez más *los fines* y cada vez menos *los medios*.

Hacer que se cumplan las reglas es un desafío, y se han desarrollado varias posturas en torno a él. La postura clásica es la del *premio y castigo*: se recompensan las buenas conductas para *incentivarlas*, y se castigan —en modo activo o pasivo— las malas, para *extinguirlas*. En las últimas décadas se ha criticado mucho esta postura. De hecho, han surgido corrientes pedagógicas alternativas que manejan un esquema *sin premios ni castigos*[30]. Personalmente pienso que las

> La disciplina es un modo particular y necesario de amar.

---

30 Cf. J.P. Faure, *Educar sin castigos ni recompensas*, Lumen Humanitas, 2007

absolutizaciones no responden del todo a la verdad. Así como es un error basar toda la educación en premios y castigos, también sería un error no servirse de ellos en absoluto, lo cual depende, en buena medida, de la edad de los hijos. Entra en juego, una vez más, el *principio de la gradualidad*. Cuanto más pequeño es el hijo o la hija, el recurso a los premios y castigos se hace más necesario. Pretender que un niño de dos o tres años entienda todos los "porqués" de las reglas, permisos y restricciones, es una ilusión. Un niño de esa edad —sin negar su altísima dignidad y capacidad de aprendizaje— comprende sobre todo el lenguaje de los premios y castigos. Con los años, el recurso de los premios y castigos irá cediendo su lugar a las razones y motivaciones más profundas y, a la larga, más eficaces, porque forman hábitos enraizados en convicciones y motivaciones —las raíces y la savia del árbol.

Principio 3: Sinceridad ante todo
Una mujer habló conmigo. Tenía dos hijos varones, de quince y dieciséis años, respectivamente. Me sorprendió inmediatamente el hecho de que me contara detalles íntimos de la vida de sus hijos. Ellos, por lo visto, *le contaban todo*. A esas edades, no es, ciertamente, lo común. Los adolescentes, especialmente los varones, toman distancia de sus padres y abren sus intimidades mucho más a los amigos que a ellos. En cambio, esta mamá sabía "todo" de sus hijos. ¿Cómo logró esa confianza? Ella misma me explicó que jamás se escandalizaba de lo que ellos le contaban. Por el contrario, incentivaba su sinceridad no escandalizándose y motivándoles de manera positiva. Cuando, por ejemplo, uno de ellos le "confesaba" que había tenido una caída personal, por ejemplo, en el campo de la pureza, ella, en lugar de "sermonearlo", le animaba a arrepentirse, a aprender la lección, a pedir perdón a Dios en el sacramento de la reconciliación y a seguir en la lucha. No todas las mamás reaccionan igual. En el fondo, el mensaje que

esta mamá transmite a sus hijos es: "No me importa tanto lo que hiciste ni te voy a castigar por ello. Lo que realmente me importa es que seas sincero".

Obviamente, no todos los hijos abren su conciencia con la misma facilidad y transparencia. Depende en buena medida de su personalidad. Pero los papás ayudan mucho si crean un *clima* de *apertura y confianza*. Pueden hacerlo tratando, por ejemplo, ciertos temas "delicados" con toda naturalidad delante de sus hijos, como quienes "ya lo saben todo y no se escandalizan de nada". Cuando, en cambio, ciertos temas son tabú en la familia, los hijos reciben un mensaje muy claro: "De esto, ni por asomo digas nada, aunque estés metido hasta el cuello en el asunto".

> Un hijo que no percibe reglas, límites, restricciones o consecuencias, tampoco percibe la presencia de sus padres: se siente huérfano y dejado a su suerte.

Principio 4: Las faltas de respeto son intolerables
Los padres pueden tolerar muchas cosas. Incluso las pocas reglas "no-negociables" pueden admitir descuidos, con sus respectivas consecuencias. Pero una *falta de respeto directa* contra papá o mamá jamás debe tolerarse. Conviene aclarar, sin embargo, qué es una falta de respeto. Que uno de los hijos exprese su sentir negativo —incluso exasperado— contra alguna decisión o actuación de papá o mamá, puede ser un desahogo legítimo y, de hecho, no pocas veces justificado. La falta de respeto es muy diferente: es un acto directamente ofensivo y desafiante hacia el padre o la madre. Pero, incluso en este caso, habría que distinguir entre una rabieta momentánea y una ofensa plenamente consciente y deliberada. En ninguno de los dos casos se debe transigir, pero el segundo caso exige una actuación más decisiva. La razón de fondo es que la educación de los hijos presupone, como terreno de

base, el respeto a la autoridad de los padres. Este respeto no se adquiere, obviamente, a fuerza de amenazas y castigos. Se basa, más bien, en el *ascendiente moral* que se construye con el buen ejemplo, la actitud de servicio, la seguridad y firmeza en las actuaciones y, también, el afecto y la dulzura.

Por otra parte, lejos de convertir la casa en un cuartel, el principio de autoridad tiene una justificación pedagógica muy importante: *dar seguridad* a los hijos. Las casas donde hay autoridad, reglas y cierta disciplina crean un ambiente estable, predecible, en el que los hijos saben lo que se debe y lo que no se debe hacer; conocen sus márgenes de libertad y las posibles consecuencias de las transgresiones. Todo ello, cuando se vive y se exige con suavidad y firmeza, lejos de formar hijos autómatas o, peor aún, "traumatizados", crea hijos con gran seguridad y estabilidad personal, además de bien educados y disciplinados.

Principio 5: Atrévete a disciplinar
Tomo el título del célebre libro de James Dobson[31] para enunciar este quinto principio. El término "disciplina" hoy parece peligroso o por lo menos, ambiguo. En su origen, la disciplina era un instrumento, hecho ordinariamente de cáñamo, con varios ramales, y que servía para azotar. Hoy el concepto tiene un sentido más amplio. Es el conjunto de actitudes y acciones de los padres para ayudar, guiar y proteger a sus hijos mientras crecen y tienden a su desarrollo personal integral. La disciplina es un *modo particular y necesario de amar*. Un hijo que no percibe reglas, límites, restricciones o consecuencias, tampoco percibe la presencia de sus padres: se siente huérfano y dejado a su suerte.

---

31   Cf. J. Dobson, *The New Dare to Discipline*, Tyndale House, 1992

La disciplina es necesaria también sobre la base de un sano *realismo antropológico*. Los hijos no son "neutros". Como seres humanos, su corazón tiene sed de bien, de belleza y de verdad; pero su corazón también ha sido herido por el pecado original. Por eso tiende *espontáneamente* —antes de cualquier aprendizaje formal— al egoísmo, en cualquiera de sus formas. Enseñaba san Juan Bosco a los primeros salesianos: "Hay que amar a los niños como ángeles y vigilarlos como demonios".

Disciplinar no es sólo castigar con manotazos o nalgadas —lo que tampoco se excluye en algunas ocasiones—. La disciplina es un *clima o ambiente formativo* en casa. Es el conjunto de reglas y límites que sirven, al mismo tiempo, de guías y barreras protectoras para los hijos, mientras las necesitan. Así, puede hablarse de "la disciplina de un horario", la "disciplina del orden y del aseo", la "disciplina de los medios de comunicación", la "disciplina del deporte o de las actividades artísticas". Todo lo que supone una línea de conducta o esfuerzo metódico y consistente es, en cierto modo, una disciplina.

Ahora bien, según Dobson, experto y punto de referencia de varias generaciones en temas de educación familiar, los padres no deberían tener miedo de *disciplinar* a sus hijos. Y esto no sólo en un sentido figurado o ampliado, sino también en el sentido muy concreto de recurrir al *castigo corporal* cuando la situación lo demanda. Un par de nalgadas bien dadas a un niño de tres años son más eficaces *pedagógicamente* que mil palabras. Subrayo *pedagógicamente* para obviar el hecho de que tal eficacia no es en beneficio de los papás, sino del hijo. Cierto que castigar así no está de moda. La corriente dominante hoy desaprueba el disciplinar así a los hijos. Y peor aun cuando se sabe de abusos y de niños bárbaramente maltratados. Sin duda hay que aplaudir las enérgicas leyes contra la violencia infantil. El peligro es pasar de estos tristes hechos a la idea generalizada de evitar a toda costa el recurso del castigo corporal, que sigue teniendo un gran valor dentro de ciertos parámetros. Dichos parámetros son básicamente los siguientes: la *edad* del niño (ni menos de dos años ni más de ocho, como regla general), la *justicia* (de la que los niños tienen una gran sensibilidad), el *control emotivo de los padres* al aplicar el castigo (quien no sea capaz de controlarse, no debe recurrir a este tipo de disciplina) y la *inmediatez* (es decir, cuanto más pronto sea el castigo, la asociación "acto-consecuencia" en la mente del hijo es más eficaz).

Principio 6: Austeridad
Una regla de oro de la pedagogía es enseñar a los hijos a disfrutar más con menos. Es bien sabido que algunos padres de familia procuran *suplir* con regalos y juguetes su ausencia y falta de atención directa y personal a los hijos. Ello, además de privar al hijo del alto valor pedagógico de la presencia paterna y materna —que, como vimos, tampoco se ha de exagerar—, también priva al hijo de la posibilidad de desarrollar su creatividad y dinamismo lúdicos. Como expliqué en mi libro *Vicios y virtudes*, «los niños son excelentes aprendices en esta materia, si se les da la oportunidad. Se divierten con lo que sea. Una pelota de trapo o un palo de escoba bastan para montar una aventura. Por eso, atiborrarlos de juguetes es un grave error. Es robarles el don más divertido que la naturaleza quiso regalarles: su imaginación. Lo mismo ocurre con los jóvenes: cuanto más sofisticada tenga que ser su diversión, más rondará por ahí el aburrimiento»[32].

Se ha vuelto célebre, por lo demás, aquella frase atribuida a Confucio: «Educa a tus hijos con un poco de hambre y un poco de frío». Esto, obviamente, no por crueldad, sino por motivos

---

32 *Op. cit.* p. 128

pedagógicos: para ayudarles a desarrollar sus resistencias frente a las inclemencias normales de la vida.

Se vale equivocarse

El arte de la educación no tiene reglas fijas. Hay principios generales de mucho valor. Y los padres harían mal en no conocerlos. Es decir, en no instruirse y formarse para ser buenos educadores. Si ya de por sí es complejo educar, el no instruirse y formarse hasta donde sea posible, lo hace más difícil todavía. Medios no faltan. Abundan los libros sobre el tema y también se ofrecen en muchas partes conferencias sobre la educación de los hijos. Muchos colegios ofrecen "escuela para padres", cuyos programas suelen abordar los temas más importantes de manera sistemática.

Formarse es un deber de estado de los padres de familia. Después de dar la vida y sustentarla, su primera responsabilidad es educar. Como ya se dijo, su fecundidad no se limita a la procreación sino que se prolonga y culmina con la educación. No hace falta llegar a ser expertos, pero sí alcanzar un nivel aceptable en cuanto a los grandes principios generales. Y no sólo en la teoría. Sobre todo en la práctica.

Ahora bien, el qué y el cómo actuar en cada momento para educar a los hijos depende también de la prudencia, destreza y experiencia adquiridas *sobre la marcha*. Todos los hijos son, en cierto modo —y perdón por la expresión— "conejillos de Indias". Muchos padres y madres se sienten culpables porque cometen errores al educar a sus hijos. En lugar de frustrarse, deberían pensar que sus errores también son "pedagógicos". Los hijos no se benefician sólo de lo que sus padres hacen bien; también pueden beneficiarse de lo que a veces hacen mal. Al menos aprenden, por propia experiencia, que "no habrá que repetir" eso con sus hijos cuando los tengan. Como es obvio, esto no es ninguna licencia para cometer errores en la educación. Ciertas negligencias y equivocaciones pueden provocar daños profundos en los hijos. Sin embargo, difícilmente ocurre esto con errores puntuales. Lo que más daña son las actitudes y los comportamientos habituales que, además de lastimar, dan mal ejemplo. Así lo enseña una brevísima anécdota: «En el andar de la vida un padre le dice a su hijo: "Ten cuidado por dónde caminas". Y el hijo le responde: "Ten cuidado tú, que yo sigo tus pasos"».

10. LA ESCUELA

Orientar y respetar el rumbo de los hijos

Qué escuela para los hijos

La decisión sobre qué escuela escoger para los hijos es importante y suele prestarse a discusión entre los esposos. Hoy la oferta educativa se ha diversificado mucho. Junto a la así llamada *educación tradicional*, han surgido numerosas escuelas con propuestas psicopedagógicas muy diversificadas, como son la educación Montessori —que no es tan nueva ya—, la educación holístico-constructivista, la "educación en casa" o *Homeschooling*, la educación multicultural, etcétera.

Las más de las veces, los papás no poseen nociones de pedagogía y es fácil que se pierdan entre sus conceptos. No es aquí el momento de explicar las diferencias, pero sí de poner al menos sobre la mesa algunos criterios esenciales que pueden ayudar al discernimiento de la mejor escuela para los hijos. Sin duda, el nivel académico es importante, como indicador de calidad y eficiencia de sus recursos pedagógicos. Pero no basta. Una educación integral requiere no sólo *información*; exige sobre todo *formación*; es decir, el desarrollo de habilidades intelectuales y sociales, artísticas y deportivas, la adquisición de valores morales y espirituales, la formación de la conciencia y del carácter mediante una sana disciplina, el sentido cívico y patriótico, el trabajo en equipo, la responsabilidad social, la capacidad de interacción con el medio ambiente y el sentido ecológico, los hábitos de trabajo, limpieza y orden, y un largo etcétera.

Muchos padres de familia prestan particular atención al aprendizaje de otros idiomas. En los países latinoamericanos, generalmente, el inglés. No pocos colegios se han hecho bilingües, incluso "trilingües" o "multiculturales". Sin duda, son valores agregados, aunque me atrevo a pensar que a veces se sobreestima este punto. Lo mismo cabe decir del uso de la tecnología. Sin duda, es un elemento positivo, que puede ayudar mucho en el proceso de enseñanza-aprendizaje. Algunas escuelas han ido más lejos y han querido hacer de la tecnología su único valor diferencial. Desde el nivel preescolar, los niños llevan ya su *"Tablet"* a la escuela. Sin minusvalorar las posibles ventajas de la tecnología en esas edades, no hay que olvidar el valor de la "tecnología" de la plastilina, las crayolas y las regletas macizas, que hoy siguen siendo insuperables para el desarrollo psicomotor grueso y fino del niño. En otras palabras, invito a los papás a no dejarse impresionar por el derroche de tecnología que ostentan algunos colegios y a considerar más bien los "antiguos" pero eficaces recursos de siempre. Tiendo a pensar, sin ser profeta, que habrá un retorno y revalorización de no pocos aspectos de la *educación tradicional,* en la medida en que se vayan evidenciando las lagunas que ciertos elementos novedosos dejan en los niños. La ortografía, la caligrafía, el cálculo mental, la memorización y otras disciplinas parecidas nunca dejarán de ser valiosas.

En esta línea precisamente se está redescubriendo el valor de la educación "diferenciada" —niños y niñas por separado, si bien compartiendo la misma escuela y tal vez los mismos patios—. Varios estudios recientes han demostrado que el

Una educación integral requiere no sólo información; exige sobre todo formación.

nivel de rendimiento y aprovechamiento en las escuelas diferenciadas es significativamente más alto que el de las escuelas mixtas. Y aunque no faltan motivos bastante obvios para la educación diferenciada (como son las profundas diferencias psico-neurológicas entre el hombre y la mujer, que vimos en el primer capítulo de este libro), quién sabe por qué ciertas corrientes pedagógicas de los años setenta terminaron por imponer su ley y muchas escuelas diferenciadas optaron por la coeducación, a veces hasta porque era la moda. Hoy no pocos países de vanguardia educativa, como Noruega, Alemania, Australia e Inglaterra, tienen ya una clara tendencia hacia la educación diferenciada. En Inglaterra, por ejemplo, según estudios recientes, los colegios de educación diferenciada se sitúan a la cabeza: siete de cada diez escuelas públicas con los mejores resultados académicos son centros de educación diferenciada. Este predominio es aún mayor en la educación privada, donde la cifra se eleva a nueve de cada diez.

> El principio básico consiste en potenciar lo bueno para que sea más bueno y corregir lo malo para que sea menos malo.

Todo esto no hace más que evidenciar que ciertas modas y experimentos en el campo educativo difícilmente pueden reemplazar los grandes principios de sabiduría pedagógica acumulada a lo largo de los siglos. Con esto no hay que oponerse, en lo más mínimo, al progreso en la pedagogía. Sin duda, los nuevos descubrimientos deben incorporarse para mejorar la educación. Un ejemplo en este sentido ha sido la tesis de Howard Gardner sobre las inteligencias múltiples[33], que ha revolucionado sin duda favorablemente no pocos aspectos de la pedagogía.

---

33 H. Gardner, *Frames of Mind*, Basic Books, 1983

Un último aspecto a considerar es el *compromiso social* de la escuela. Ninguna comunidad educativa puede hoy aislarse. Una buena escuela debe saber "exponer" a los alumnos al mundo en el que viven y vivirán. Las escuelas "burbuja" terminan no sólo no preparando a los alumnos para el mundo real, sino que tampoco despiertan en su corazón la sensibilidad social y caritativa que todos deben desarrollar para ser hombres y mujeres de bien.

Cómo y hasta dónde orientar los intereses de los hijos

Cada hijo tiene sus talentos y potencialidades y también sus límites y dificultades. Sin encasillar a los hijos en métricas de tipo empresarial, no sería del todo errado un ejercicio tipo "FODA" —Fortalezas, Oportunidades, Debilidades y Amenazas— para evaluar la situación de cada hijo y ajustar el proceso educativo. El principio básico consiste en *potenciar lo bueno para que sea más bueno y corregir lo malo para que sea menos malo.* Dicho en otras palabras, habría que ayudar al hijo a desarrollar lo más posible sus talentos, pero sin descuidar las áreas donde es menos apto, para que alcance un nivel aceptable.

Con el tiempo, cada hijo tomará sus decisiones y se orientará según sus intereses. Con frecuencia optará por aquello en lo que se siente más fuerte. Pero no siempre será así. A veces los hijos toman decisiones opuestas a sus talentos, y se encaminan al fracaso y la frustración. Con todo, en pedagogía siempre caben las sorpresas. Quien no parecía idóneo, con el tiempo puede resultar un fenómeno. Pero eso es la excepción, no la regla. Por eso los padres, en cuanto van descubriendo las cualidades y aptitudes de sus hijos, pueden orientarlos ofreciéndoles oportunidades y experiencias positivas en aquellas áreas que parezcan más prometedoras para cada hijo.

En este sentido, puede ayudar un ingenioso concepto desarrollado por James C. Collins: *The Hedgehog Concept*[34]. Un *"Hedgehog"* es un mamífero, entre roedor y erizo, que se da en ciertas partes de Europa, Asia, África y Nueva Zelanda, y destaca por su eficiencia. Collins lo toma como modelo conceptual para describir el mejor escenario en el cual una empresa —o una persona— podría desarrollarse. Dicho escenario se configura conjugando tres variables: pasión, talento y rendimiento.

Cada hijo tiene su *pasión*, y los padres deben estar atentos para descubrirla. Obviamente, la pasión puede variar con el tiempo. A muchos niños de cinco años les *apasiona* la idea de ser bomberos, pero a los quince, pocos se sienten atraídos por los chaquetones, las botas y la idea de andar apagando incendios; más bien pasan el tiempo pensando en fiestas, música y chicos(as). Se espera, sin embargo, que para el final del bachillerato el joven tenga una *pasión profesional* bien definida o al menos una idea de lo que podría apasionarle.

La segunda variable es el *talento*. No basta la pasión para ser exitosos. Hace falta el talento. Éste no siempre resulta visible. Hay talentos ocultos en cada persona. Lo importante es que se den las oportunidades y los incentivos para que salgan a la superficie. En cualquier caso, cuando la pasión y el talento coinciden, el resultado es evidente.

La tercera variable es el *rendimiento*. En el campo profesional, importa ante todo el rendimiento económico, visto que la idea sería vivir de ello. Sin embargo, el rendimiento económico no basta. Hay que ver qué más aporta al enriquecimiento integral de la persona y de la sociedad. No pocos científicos, artistas y escritores han consagrado su pasión y talento a investigaciones, descubrimientos, inventos,

---

34 J. Collins, *Good to Great*, Random House, 2001, p. 90

obras y creaciones que no los han hecho ricos, pero que han enriquecido enormemente a la humanidad.

Con estas tres variables en mente, es fácil descubrir dónde concentrarse: donde se halle la mayor conjunción de pasión, talento y rendimiento. Si ninguna actividad, oficio o profesión conjuga las tres variables al 100%, habría que buscar lo que más se acerque. Quizá no sea la actividad que más apasiona, pero si se tiene talento para ella y ofrece buenos rendimientos, uno podría elegirla como actividad profesional, consciente de que hay otras maneras de dar cauce a aquello que más apasiona. Quienquiera puede dedicarse a su pasión, por ejemplo, a modo de *hobby* o afición "*amateur*" (la palabra francesa alude al hecho de que "se ama" esa actividad).

Los padres, en cualquier caso, tienen una función subsidiaria en todo esto. No pueden suplir al hijo en sus decisiones; sólo ayudarle *a ver* mejor dónde podría desarrollarse con más esperanzas de éxito. Sería absurdo imponer al hijo una trayectoria profesional, porque anularía el primer elemento indispensable del éxito: la pasión personal. Más bien, una vez que el hijo se resuelve por su propia trayectoria, habría que respetar esa decisión —siempre que sea una opción honesta— y apoyarla en la medida de lo posible. Puedo dar fe de esto en primera persona. Mi padre —médico— estaba feliz con mi "franca" vocación a la medicina, que afloró cuando cumplí catorce años y entré como socorrista voluntario a la Cruz Roja. Cuando a los veinte sentí el llamado de Dios al sacerdocio y decidí, por consiguiente, dejar la medicina —contra mi deseo personal, porque ciertamente me apasionaba—, su primera reacción fue rotundamente contraria: "Primero terminas tu carrera, y después hablamos". Para entonces, sin embargo, mi decisión era ya firme. Y él, en breve tiempo, cambió de actitud y pasó de la oposición al apoyo total e incondicional. Murió antes de mi ordenación sacerdotal, pero estoy seguro de que Dios Padre y él celebraron en grande el día de la ordenación de "su hijo" en el cielo.

11. Dinero

Las finanzas matrimoniales

El dinero siempre es un tema. Como los demás temas, puede ser motivo de pleito o de unión y colaboración. Todas las parejas antes de casarse saben que fundar una familia exige contar con una cierta base económica y un ingreso más o menos estable. En este capítulo, más que ofrecer soluciones financieras, quisiera ofrecer a los novios y a los esposos algunos principios generales y una propuesta práctica sobre el modo de organizar las finanzas familiares.

El matrimonio: un consorcio

Este *modelo financiero* se basa en una premisa: el matrimonio es un consorcio. Es significativo que san Juan Pablo II haya titulado así su exhortación apostólica sobre la familia: *"Familiaris consortio"* ("Consorcio familiar"). Pero, ¿qué es un consorcio? La palabra remite a una figura jurídica que los abogados corporativos conocen bien. Aquí no interesa tanto la definición jurídica como la etimología de la palabra, que ayuda a comprender su significado primitivo y, en cierto modo, más profundo. Consorcio viene del latín *"cum-sortis"*, que significa "compartir la misma suerte". De hecho, hasta no hace mucho tiempo, a los esposos se les llamaba *consortes*. No se puede concebir el matrimonio como dos vidas paralelas, al modo de dos barquitas que cruzan juntas el mar de la vida.

Consorcio significa *una sola barca*, en la que el hombre y la mujer se han embarcado: la suerte de la barca es la suerte de ambos.

En el ámbito económico esto se traduce en un principio financiero básico: no dos economías, sino una sola. De hecho, la palabra "economía" también tiene una etimología muy significativa. Viene del griego "*oikos*" (casa) y "*nomos*" (norma o ley). "Economía" significa el conjunto de reglas o normas para *administrar la casa*. Y así como los novios al casarse dejan sus respectivas casas para habitar una misma y única casa, así también deberían dejar sus economías personales para constituir una única economía: la de la casa que fundaron al casarse.

Dicho esto, presento a continuación algunos principios que pueden ayudar a discutir con serenidad y acierto el tema de las finanzas familiares.

> Consorcio significa *una sola barca*, en la que el hombre y la mujer se han embarcado: la suerte de la barca es la suerte de ambos.

Dos ingresos – una bolsa

Actualmente es muy común que ambos cónyuges generen ingresos. El primer principio es muy sencillo: hay que sumar. Si uno gana 8 y el otro 5, la familia tiene 13. La expresión "mi dinero" o "tu dinero" debería cambiar por "nuestro dinero". La bolsa es una. Cómo administrar la bolsa, es otra cuestión. Ambos han de aportar lo que generan a la bolsa familiar. Quizá en algunos casos, cuando los novios llegan al matrimonio con más años y hábitos de independencia económica, pueda costarles adaptarse a esta forma de "comunismo" matrimonial. Sin embargo, el corazón humano y, especialmente, el del varón, posee un "instinto de proveer", por lo cual le resulta en buena medida connatural aportar lo que genera con su trabajo al bien común de la familia.

Un administrador, no dos

Así como está en la esencia del hombre el *proveer* —sin ser hoy, obviamente, en muchos casos el único proveedor—, así está en la de la mujer *administrar.* Las palabras que acompañan la entrega de las arras en el rito del matrimonio tienen una gran fuerza simbólica en este sentido. El esposo dice a la esposa: «Recibe estas arras como prenda de la bendición de Dios y del cuidado que tendré de que no falte nada en nuestro hogar». Y ella responde: «Yo las recibo en señal del cuidado que tendré de que todo se aproveche en nuestro hogar».

En otras palabras, la situación "normal" es que él provea y ella administre.

Esta complementariedad, que tiene su expresión litúrgica y, más en el fondo, una raíz antropológica, en la práctica evita muchos pleitos. El acuerdo de base debería ser dejar administrar a la mujer. De hecho, por muchos aspectos, ella suele estar más dotada para ello que el marido. La mujer suele ser más responsable, más atenta a las necesidades de cada hijo y de la casa, más analítica y más organizada. No hablo por todos los casos, pero ciertamente por una gran mayoría. Y se nota cuando mamá está fuera de casa y papá tiene que entrar al quite: siempre se le olvida algo del súper, y difícilmente logra el mismo orden y organización logística de la casa. Suele decirse, no sin razón, que una casa sin varón puede funcionar normalmente; una casa sin mujer, pronto se convierte en caos.

> Los novios al casarse dejan sus respectivas casas para habitar una misma y única casa, así también deberían dejar sus economías personales para constituir una única economía.

Cómo administrar – el presupuesto familiar

Quien administre —sea la mujer, sea el varón— debería hacerlo con base en un *presupuesto* familiar. Ninguna familia debería operar sin presupuesto. Siendo muchas veces los recursos limitados, una familia no se puede permitir el lujo de ignorar cuánto y cómo está gastando su dinero. Recomiendo particularmente a los novios que, antes de casarse, hagan un primer ejercicio de elaboración de presupuesto, lo más realista y completo posible, de manera que sepan cuánto va a costar operar la familia que están por fundar.

Obviamente, el presupuesto no es una camisa de fuerza. Siempre se dan imprevistos. Con el paso del tiempo, sin embargo, el presupuesto debería ir siendo cada vez más cercano a la realidad, de manera que, al menos en principio, todo esté debidamente previsto y presupuestado. Esto da serenidad y paz a la pareja y a la familia. Aun cuando se esté pasando alguna estrechez económica, cuando se tiene un buen presupuesto es muy fácil decidir dónde recortar y cómo ajustar el presupuesto a las nuevas circunstancias, salvando siempre lo más esencial: salud y educación.

Ahora bien, habiendo consensado quién administra y aprobado juntos el presupuesto, el siguiente principio es muy importante: que el otro "no se entrometa", que no fiscalice ni cuestione; sobre todo por lo que toca a los gastos ordinarios. Los gastos extraordinarios o inversiones se manejan aparte. Esto quiere decir que el marido no puede levantar quejas sobre determinada compra del mandado —si se debió o no comprar tal o cual producto—. La esposa sabe de cuánto dinero dispone para la compra, el súper, la mercadería, el mandado, la provisión, la despensa o como se diga en cada lugar; y tiene plena libertad para administrarse dentro del rango previsto en su presupuesto semanal.

Ahora bien, que uno de los dos sea el administrador de la casa no significa que deba asumir todas las tareas de la casa. Lo recomendable es hacer una lista de los trámites o pagos que haya que hacer y decidir juntos, marido y mujer, quién se encarga de qué.

¡Cuidado con las sorpresas! Las inversiones
Dijimos que quien administra la casa tiene libertad para ejercer el presupuesto y comprar lo necesario según su propio criterio. Esto no aplica a las inversiones; es decir, a las "compras mayores". Si van a comprar un televisor o un mueble para la sala o un coche, conviene que vayan los dos y hagan juntos la elección. Además de evitar sorpresas, ir de compras juntos suele ser un buen momento de convivencia matrimonial.

A propósito de las sorpresas, ¡son muy peligrosas! Aunque se conozca bien al cónyuge, no siempre se acierta. Recuerdo a un buen marido que quiso regalar de cumpleaños un coche a su mujer. Amaneció el día y le entregó una cajita pequeña envuelta como regalo. Ella lo abrió y encontró unas llaves. Bajó y vio con sorpresa una camioneta nueva en el aparcamiento de la casa. Sólo que no le gustó ni el modelo, ni el tamaño ni el color. Al inicio tuvo que fingir diciendo: "¡Qué regalo más maravilloso!", pero a los pocos días estaban juntos en la agencia cambiando de camioneta.

Quien quiera sorprender a su esposa o esposo con un regalo de esta magnitud, mejor haría diciéndole: "Te invito a dar un paseo"; ir juntos a la agencia y ahí anunciarle la sorpresa: "Mi presupuesto es de "X" cantidad. Escoge el que más te guste".

Más dramático fue el caso de un joven que, antes de casarse, decidió comprar con su mamá el departamento donde viviría con su futura esposa, amueblándolo según "el buen gusto" de su madre. La sorpresa fue una bomba atómica. Pobre novio, nadie le dijo que la mayor ilusión de una novia es escoger dónde vivir y, sobre todo, amueblar y decorar su nueva casa a su gusto. Una mañana recibí la llamada de su novia, desesperada, que me decía entre llantos: "Así yo no me caso". Y me explicó lo que pasaba. Me esforcé por convencerla de que había sido una inocentada de su novio. Él, con la mejor voluntad, quiso darle una sorpresa y ahorrarle *todo el trabajo* de escoger, amueblar y decorar el departamento. La solución fue radical pero efectiva: vendieron el departamento como estaba y, entonces, fueron juntos a escoger, amueblar y decorar su *propio* departamento.

Bienes separados

Todo lo dicho sobre la economía única normalmente no aplica cuando se trata de los bienes patrimoniales. Casi siempre, los abogados recomiendan a los novios que se casen civilmente bajo el esquema de "bienes separados". La medida se justifica no porque se dude de la perseverancia matrimonial, sino porque es bueno proteger dichos bienes, que en definitiva constituyen el patrimonio de la familia. Si uno de los cónyuges, por cualquier motivo, incurre en el riesgo de perder su patrimonio, al menos no se pierde todo el patrimonio familiar.

Este principio, sin embargo, no ha de interpretarse como libertad para disponer unilateralmente del propio patrimonio. Puesto que se trata de un *consorcio matrimonial* —no lo olvidemos—, el patrimonio personal, aunque legalmente pertenece a cada cónyuge, constituye el patrimonio familiar. Por ello, todas las decisiones sobre él deberían ser consensadas. Se procurará, en definitiva, que el patrimonio sea lo que indica su nombre: bienes que los padres destinan al bien de sus hijos.

12. Política familiar

o la familia política

La familia nuclear y la familia extendida

Dice la Biblia: «Por eso, dejará el hombre a su padre y a su madre y se unirá a su mujer y serán los dos una sola carne»[35]. Este *dejar* el hombre a su padre y a su madre —que vale igualmente para la mujer— se hace efectivo el día de su boda. El novio y la novia hacen las maletas y salen de su casa para fundar una nueva casa, una nueva familia. El acto tiene un significado profundo: el núcleo familiar en el cual cada uno nació y creció, en ese día deja de ser "su familia". Porque, al casarse, los novios fundan una nueva familia. El anterior núcleo familiar se convierte entonces en *familia extendida*. Sigue siendo *familia*, desde luego, pero en sentido ampliado. Los nuevos esposos han de ser conscientes de ello para evitar ambigüedades que no ayudan en la génesis de la nueva familia.

Desprenderse de la propia familia —sobre todo cuando el núcleo familiar ha vivido intensamente unido— no deja de ser doloroso. Suelen concurrir entonces los sentimientos encontrados, las lágrimas y una anticipada nostalgia. Uno de los momentos más emotivos en las bodas es ese "último abrazo"

---

35 *Gn* 2, 24

que los papás dan a su hija o a su hijo antes de entregarlo a su futura esposa o esposo al pie del altar. Obviamente, no será el último abrazo que se darán en la vida, pero ése, en particular, tiene un significado especial. El desprendimiento afectivo, tanto de los papás como del hijo o de la hija, asemeja los dolores que acompañan el parto de una nueva familia. De hecho, no hay vocación ni estado de vida que no exija, en alguna medida, el dolor de la renuncia, del cierre de una etapa para emprender un nuevo capítulo de la propia historia.

Este *"click"* interior, en cualquier caso, es muy importante. Los nuevos esposos deberían repetirse de vez en cuando en su corazón: "mi familia ya no es mi papá ni mi mamá ni mis hermanos; mi familia ahora es mi marido, mi esposa; y, cuando lleguen, mis hijos". Parece obvio. Lamentablemente, no siempre lo es. Hay matrimonios que, después de muchos años, siguen sin hacer esa transición, y así se explican no pocos problemas.

Hace unos años me pidieron atender una crisis matrimonial que me ayudó a abrir aún más los ojos en este sentido. La pareja llevaba treinta años de matrimonio. La crisis era de carácter financiero, complicada por el hecho de que el marido trabajaba para su suegro. Por entonces ya había yo aprendido a no citar juntos a los esposos en medio de una crisis; al menos no en una primera ocasión —si no quieres pasar toda la cita haciéndola de referí de box o lucha libre—. Más bien suelo citarlos por separado y escuchar la versión de cada uno. Así saltan a la vista inmediatamente inconsistencias y diferencias de enfoque y percepción. Por otra parte, cualquier consultor con un mínimo de experiencia sabe bien que esa "primera versión" no está exenta de subjetividad o, por mejor decirlo, de "verdades a medias".

En este caso, cuando entrevisté a la esposa, ella se refería continuamente a "su familia". A mitad de la entrevista me di cuenta de que esa referencia me resultaba un tanto inconsistente, si no es que incomprensible. La interrumpí y le pregunté: "Cuando me habla de 'su familia', ¿de quién me está hablando?". Ella me contestó sin titubear: "De mis papás y mis hermanos, por supuesto". Capté inmediatamente que una buena parte del problema era precisamente ése: nunca había hecho la transición de su familia paterna a su verdadera familia actual: su esposo y sus hijos. Obviamente, el marido se sentía acorralado entre su suegro y su mujer. Y, aunque tampoco él tuviera toda la razón, la esposa debería haber estado "más del lado del esposo" en una situación así.

Los suegros

Los suegros parecen "el tema" matrimonial por antonomasia. La abundancia de chistes y bromas es sólo un indicio de que la relación entre los suegros y las nueras y los yernos suele ser problemática. Con todo, hay suegras estupendas. La Biblia refiere un caso digno de elogio: Noemí, la suegra de Rut, quien vio por ella como si se tratase de una verdadera hija[36]. Por otra parte, y en descargo de las *suegras*, vale la pena reconocer la motivación de fondo de la problemática: normalmente ni la esposa ni el marido suelen igualar los cuidados de una madre. Las suegras son suegras porque primero son madres. Por eso les resulta difícil no inmiscuirse cuando perciben que su hija o su hijo no están siendo atendidos adecuadamente. Es perfectamente legítimo que los papás-suegros se interesen por el matrimonio de sus hijos y, de alguna manera, velen por su felicidad. Esto no es un estorbo. Un yerno o una nuera inteligente, además de acudir a sus propios padres, acudirá a sus suegros para pedir algún consejo o sugerencia sobre cómo atender mejor a su hijo o hija en ciertas circunstancias. Todo

---

36 Vale la pena leer todo el libro de Rut, pero particularmente el capítulo 3

ser humano es complejo. Los papás pueden aportar abundante luz sobre sus hijos, pues los vieron nacer y crecer. ¿Cómo no van a conocer mejor a su hijo o hija que la esposa o el esposo desde ciertos ángulos?

Esto no significa abrirles la puerta de par en par a los suegros para que se metan hasta la cocina. El principio general "los trapitos sucios se lavan en casa" sigue siendo válido. Es muy diferente acudir a los suegros para pedirles un consejo que para acusar o hablar mal de su hijo. A ellos ya no les corresponde corregir al hijo o a la hija. Toca a los esposos ayudarse entre sí a mejorar a través de una sana, sincera y caritativa "corrección conyugal".

La caridad es el fundamento de las buenas relaciones familiares. También con la familia política.

Cuarenta días para construir el nido
Para favorecer una sana independencia afectiva y efectiva, suelo recomendar a los recién casados una medida muy práctica y sencilla, aunque parezca exigente. Si de recién casados vivirán en la misma ciudad de sus padres, les sugiero que hablen de antemano con sus papás para pedirles un favor: que les dejen al menos cuarenta días de *independencia total* para que puedan construir su "nido". Por independencia total se entiende "cero contacto", a no ser alguna llamada telefónica semanal para saludarlos y decirles: "aquí estamos y estamos bien". Como es obvio, si sucediera algo relevante, les avisarían inmediatamente. Si no, aplica también el principio americano "*No news – good news*".

Esos cuarenta días (aunque serían mejor entre sesenta y noventa días), permiten a la pareja convivir solos, precisamente *como pareja*; es decir, necesitarse recíprocamente, experimentar una sana soledad y sentir que se extraña al otro cuando no está en casa. Desde el punto de vista práctico, la cuarentena enseña a la pareja a no depender de nadie y a valerse por sí misma;

a afrontar las exigencias de la vida cotidiana con los propios recursos y capacidades o a desarrollarlas, cuando no se tienen. Cuántas jóvenes han aprendido, por ejemplo, a ir al banco y a hacer ciertos trámites legales porque ya no tuvieron quién más lo hiciera por ellas.

Las suegras son suegras porque primero son madres.

La experiencia enseña que las parejas que viven este período de *independencia total* de sus familias construyen nidos más sólidos, familias más robustas, vínculos más profundos. Obviamente, se trata de una experiencia sólo temporal, pero muy valiosa. Las parejas que, por motivos de trabajo o estudio, han tenido que vivir sus primeros años de matrimonio lejos de sus respectivas familias, saben bien cuántos beneficios les trajo esa experiencia.

El trato habitual con la familia extendida

Pasada la cuarentena —o los tres meses, para quienes optaron por una experiencia más completa—, los esposos empezarán a visitar a sus respectivas familias, según las sanas tradiciones. De modo ordinario, cuando se vive en la misma ciudad o cerca de ella, se tiene una visita semanal para comer o cenar con toda la familia. A medida que las familias crecen, esos encuentros suelen ser normalmente muy hermosos, casi festivos, porque en ellos conviven todos con todos: abuelos, padres, hijos, hermanos, tíos y primos. Esto mismo vale para las grandes recurrencias anuales, como la Navidad, el año nuevo, la Pascua y las fechas especiales de la familia, como los cumpleaños, aniversarios, graduaciones y viajes familiares. En todos estos casos, la pareja buscará un equilibrio para, en igualdad de circunstancias, participar de manera más o menos equitativa en las reuniones familiares de él y de ella.

La independencia afectiva de la familia extendida es importante, pero no es la única que la pareja debe procurar.

También debería alcanzar, en la medida de lo posible, la independencia económica, laboral y habitacional. La recomendación general es evitar, en lo posible, cualquier tipo de dependencia que pueda provocar roces y tensiones o comprometer la libertad de decisión de los esposos. Quizá la dependencia más difícil y comprometedora es la habitacional. Que una familia cohabite en la casa de los papás-suegros, puede ser una necesidad insoslayable en determinadas circunstancias. Habría que hacer lo posible, sin embargo, para no prolongar indefinidamente esa situación: "Cada cual en su casa y Dios en la de todos", dice el sabio refrán.

Un caso muy diferente es cuando se acoge en casa al propio padre o madre —normalmente ya viudo— para darle un hogar y cuidar de él. Esto no es sólo aceptable, sino muchas veces un irrenunciable deber de gratitud y caridad. En tales circunstancias es muy poco probable que la presencia del abuelo o la abuela tenga una injerencia inconveniente en los asuntos familiares. Por el contrario, suele aportar una presencia sabia y cariñosa que hace mucho bien, sobre todo a los nietos. Cuando resulte inviable —por falta real de espacio en la propia casa o porque la persona requiere una atención más constante— cabe el recurso de instituciones especializadas. En estos casos, la familia hará todo lo posible por visitarle con frecuencia y, en la medida de lo posible, traerle a casa y hacerle participar en los eventos familiares.

Diplomacia familiar

Cuando uno se casa, "se casa con toda la familia", suele decirse. Y en cierta medida es verdad. La creación de esos nuevos lazos familiares exige una sabia *actitud diplomática*. Cabe aclarar inmediatamente: diplomático no significa hipócrita. Los diplomáticos son los expertos en las relaciones humanas. Saben crearlas, cultivarlas y llevarlas a un buen nivel de madurez. Lo mismo vale para los nuevos esposos: han de aprender a crear, cultivar y llevar a un buen nivel de madurez su relación con los suegros, los cuñados y otros familiares políticos. Ahora bien, una sana *política familiar* debería basarse en cinco actitudes: caridad, respeto, no agresión, no intervención, perdón.

La *caridad* es el fundamento de las buenas relaciones familiares. También con la familia política. La caridad es el amor sincero, benévolo, comprensivo, que se preocupa realmente del otro. La caridad, aunque parte del corazón, tiene expresiones externas muy concretas, como son la afabilidad, la cordialidad, los buenos modos. La persona caritativa evita las bromas pesadas, las molestias innecesarias y las caras largas.

El *respeto* —del que hablaremos más ampliamente en los próximos capítulos— es una alta expresión de la caridad. Significa *mirar dos veces* al otro antes de hablar o de actuar. El respeto es escucha y apertura a las opiniones ajenas, es comprensión y tolerancia, y es silencio frente a los defectos ajenos.

Llevar la "fiesta en paz" es una buena política familiar. La física enseña que a toda acción corresponde una reacción. La violencia genera violencia. Pero también, la bondad genera bondad. Jesús lo dijo con una expresión justamente célebre: «Todo cuanto queráis que os hagan los hombres, hacédselo también vosotros a ellos»[37]. Es lo que la tradición cristiana ha llamado *la regla de oro*. Ahora bien, no basta evitar las agresiones directas, de palabra o de obra, sino también todo aquello que pueda ser interpretado como tal. Más aún, no agredir significará algunas veces saber callar y *no reaccionar* para no devolver mal por mal. San Pablo, que era de carácter "fuerte", lo sabía bien. Por eso escribió a los romanos: «Vence el mal con el bien»[38]. Porque, a la larga,

---

37 *Mt* 7, 12

38 *Rm* 12, 21

responder a una agresión con un gesto de caridad es mucho más eficaz que responder con otra agresión. La caridad y el perdón —del que hablaremos a continuación— son los únicos capaces de romper lo que san Juan Pablo II llamó *la espiral de la violencia*: "me la haces, te la hago y entonces me la haces peor, y yo te la hago peor", y así indefinidamente. Por el contrario, quien tiene buen corazón paga con bien a quien le hace mal. Puede parecer heroico —y en ocasiones lo es—, pero nada ayuda tanto a las relaciones familiares como esta actitud.

La *no intervención*, como puede suponerse, significa no meterse donde no le llaman. Dice otro refrán que "es más sabio el loco en su casa que el cuerdo en la ajena". En los asuntos de la familia política, si uno no es consultado explícitamente, es preferible no opinar y, mucho menos, tomar partido cuando se crean bandos. Hay que mantenerse al margen y, más bien, ver el modo de apoyar al esposo o a la esposa, quien no deja de sufrir la pena y el peso de tales dificultades en su familia extendida.

Si la caridad es el fundamento de las buenas relaciones humanas y familiares, *el perdón* es su piedra de toque. Por más que uno se esmere en cuidar las relaciones familiares, siempre habrá algún roce, alguna tensión, alguna desavenencia. Somos humanos y, queriéndolo o no, advirtiéndolo o no, solemos lastimar o ser lastimados por los demás. El único verdadero remedio en muchos casos se llama perdón. Hay que saber pedirlo y saber darlo. Ambos actos requieren altas dosis de realismo y humildad. Después de todo, si la relación con la familia política ha de perdurar por muchos años, lo más sabio es mantenerla en el mejor estado posible. Y si se diera un desgarrón, lo mejor es repararlo cuanto antes, independientemente de quién sea el culpable.

No olvido un pleito que hubo en mi casa. Mi tía paterna tenía un temperamento muy difícil. Enviudó de joven y vivió muchos años sola. Mi mamá solía acogerla con mucha caridad cuando venía a casa. Pero esa vez, algo dijo mi tía que hizo estallar a mi mamá. Se armó un fuerte cruce de palabras, y mi tía se fue. Pocos días después, mi mamá me pidió que la acompañara. Yo tendría unos ocho años. Íbamos a casa de mi tía. De camino paramos en una florería. Mi mamá escogió un hermoso arreglo de rosas. Al llegar, me tomó de la mano y tocó la puerta. Cuando abrió mi tía, se sorprendió mucho y abrazó fuertemente a mi mamá. Las dos se pidieron perdón, y todo volvió a ser como antes o, más bien, mejor que antes.

13. MALABARISMOS DE LA VIDA

Familia, trabajo y sociedad

El gran dilema

"¿Proveer o estar? He ahí la cuestión". Es una manera simplista, pero efectiva, de sentar el problema que muchos papás y mamás afrontan hoy. Aunque el problema no se limita a la contraposición "trabajo/familia", también existe en cierto modo la contraposición "familia/sociedad". Porque ninguna familia vive aislada; se inserta en un marco social, del que es también la célula fundamental. No pocas familias toman muy en serio su compromiso social, conscientes de que la suma de buenas familias crea una buena sociedad. Pero dicho compromiso supone para la familia, en cierto modo, «salir de una conciencia aislada y de la auto-referencialidad», para usar una expresión reciente del Papa Francisco[39].

Como veremos, la clave no es oponer "trabajo-familia-sociedad", sino integrarlas en un equilibrio superior. En mi libro *Vicios y virtudes* dediqué el último capítulo a "*La Decena Vital*"[40], sobre el sano equilibrio que debemos procurar en nuestras actividades para favorecer las virtudes y el buen desempeño de nuestras responsabilidades. Retomo algunas de

---

39 Papa Francisco, *Exhortación apostólica Evangelii gaudium*, 24 de noviembre de 2013, n. 8

40 *Op. cit.*, p. 171-178

las ideas ya expresadas ahí porque pueden ayudar a resolver los conflictos matrimoniales y familiares que suelen darse por motivos profesionales y sociales.

El trabajo

Hay que trabajar, no queda de otra. Pero se trabaja no sólo para conseguir el necesario sustento y bienestar material: el trabajo es fuente de realización para la persona humana. No se equivocaba George Bernard Shaw cuando decía que "la actividad es lo que hace dichoso al hombre". Sin embargo, el trabajo, como las demás facetas de la vida, ha de tener su tiempo y su tope. Quien trabaja debe aprender a limitar su actividad, y no sólo por el bien de su familia; también por el suyo y el de su productividad. Siete a nueve horas diarias bien trabajadas rinden más que doce o catorce mal trabajadas. De hecho, cuando se superan habitualmente las ocho o nueve horas de trabajo comienza un ciclo de desgaste acumulativo que deriva en bajo rendimiento, fatiga crónica e, incluso, depresión. El poner un "hasta aquí" al trabajo profesional para dedicarse a la familia y otras actividades, es muy sabio. No faltan estudios que muestran cómo rinde más un trabajo intenso en bloques de tiempo definido que un trabajo "a medio ritmo" de manera prolongada e indefinida. Los expertos llaman a este fenómeno "linearidad"[41].

Cada vez es más común, además, que ambos cónyuges trabajen. De hecho, cada día son más las mujeres que destacan por sus dotes empresariales, subsidiando y a veces superando el ingreso del marido. Todo ello además de cumplir las exigencias propias de un ama de casa, que en rigor es un trabajo de "tiempo completo" o, como suele decirse, "24/7" (veinticuatro horas del día, los siete días de la semana). A las

---

41 Cf. J. Loehr & T. Shwartz, *The Power of Full Engagement*, Free Press, 2003

madres que trabajan fuera suelo recomendarles que asuman turnos de medio tiempo, de preferencia matutinos, de manera que reserven las tardes para estar en casa con sus hijos, sobre todo, considerando que la tecnología hoy permite sacar no pocos pendientes desde la propia casa. Todos saben que la presencia materna en casa es insustituible. Lo que quizá haría falta es valorar mucho más la entrega y el desgaste que supone para cada mamá la refriega del día a día en sus hogares, donde tienen que velar e intervenir sin descanso para que sus hijos "no se despedacen" mutuamente, hagan las tareas, se bañen a como dé lugar, cenen educadamente y —última gran batalla del día— se vayan a dormir.

Normalmente los maridos tienen jornadas de trabajo completas. Pero eso no debería obstar para dedicar el tiempo debido a su esposa e hijos en los momentos clave del día, que suelen ser tres: al despertar en la mañana, al mediodía para comer (cuando es posible) y por la tarde/noche, para convivir. Siempre habrá imprevistos comprensibles. Sin embargo, un papá que jamás va a su casa a comer o que todas las noches llega tarde y encuentra a sus hijos ya dormidos, está perdiendo *oportunidades de oro*, que no volverán, para conocer, educar y brindar a sus hijos el cariño y la cercanía paternal que tanto necesitan.

La vida familiar es muy rica y compleja. Requiere momentos muy variados de convivencia, conversación, solución de conflictos, distensión e intimidad. Por eso es necesario dedicar tiempo a construir y reconstruir ese espacio vital. Además de la convivencia diaria, con tiempos específicos de calidad, conviene aprovechar los fines de semana para una relación más amplia y distendida. Salir a comer o a pasear en familia, ir al cine o de compras, son siempre oportunidades para "re-crear" la convivencia, robustecer los vínculos y disfrutar del afecto familiar.

Retomando el "dilema" inicial de este capítulo, hay que responder diciendo que no se trata de una disyuntiva, sino de una conjunción: los padres deben *proveer y estar*; las dos cosas, porque no se contraponen siempre que se siga la disciplina de un horario que permita equilibrar las tareas y los tiempos.

La suma de buenas familias crea una buena sociedad.

Hipertrofia profesional

El matrimonio y la familia constituyen el espacio vital donde normalmente nace, crece, se desarrolla y madura la persona. El trabajo profesional, sin duda, es para muchos un gran espacio también de realización y trascendencia personal. Todo mundo sabe, sin embargo, que el trabajo puede ser adictivo. Sobre todo cuando, además de fuente de éxito, fama o reconocimiento social, se convierte en refugio al cual huir de otras responsabilidades. Se da, entonces, lo que algunos autores han llamado "hipertrofia profesional": un crecimiento desmesurado de la dimensión profesional en perjuicio de otras dimensiones vitales de la persona.

La hipertrofia profesional conlleva el descuido habitual del descanso personal, de la convivencia matrimonial y familiar, de la participación social. La persona *vive para trabajar* en lugar de trabajar para vivir. Como es evidente, si además está bien dotada para ello, el éxito profesional está asegurado, pero ¡a qué precio! Los emprendedores exitosos, cuyo crecimiento empresarial podría "no tener límite" si el negocio es bueno, deberían calcular su crecimiento anual no sólo con base en las posibilidades del mercado sino también, y sobre todo, en las propias responsabilidades personales, familiares y sociales.

No hace mucho atendí a un exitoso empresario, casado, con siete hijos; un hombre extraordinario, cabe decir, con una empresa floreciente. En cierto momento tocó el tema del crecimiento de su empresa. Tenía que tomar una decisión y quería escuchar un consejo. No esperaba de mí, ciertamente, una asesoría técnica, pero sí una visión que le permitiera completar las variables que debían entrar en la "fórmula" a la hora de calcular el crecimiento del siguiente año. Sus estudios de mercado habían arrojado un escenario realista de crecimiento de 15%, pero implicaría un notable empuje de su parte y mucho menos tiempo para su familia. Consciente de esto, y con una visión más integral, optó por crecer 7%. Así tendría tiempo también para su esposa y sus hijos.

> El trabajo, como las demás facetas de la vida, ha de tener su tiempo y su tope.

Temas de conversación

Normalmente, el esposo y la esposa tienen sus propios intereses, gustos y "especialidades". Cada uno sabe de lo suyo. Ahora bien, cuando uno de los dos destaca por su talento y conocimiento en un determinado sector —cultural, científico, empresarial, artístico o deportivo— es normal que sus conversaciones giren en torno a ese tema, y que, en público y en privado, tienda naturalmente a los temas en los que se siente más cómodo.

Habría que decir dos cosas. Al que sobresale en un tema, que tenga la caridad de no machacar demasiado sobre lo mismo y que se abra también a otros temas de interés y de conversación con su pareja. Cada uno debería hacer el esfuerzo por incursionar lo suficiente en las áreas de interés del otro para entender al menos lo básico y ser capaz de seguir una conversación. Si, por ejemplo, la esposa es experta en historia universal, el marido debería saber al menos quién fue Napoleón y cómo le fue en Waterloo. Lo importante, en cualquier caso, es que no haya una brecha infranqueable entre los dos al abordar sus temas de mayor interés individual.

Fiestas y compromisos sociales

Otro tema importante es el de las fiestas y los compromisos sociales. No todos saborean igual el andar de fiesta en fiesta y de reunión en reunión. Hay quien es más *"socialito"* y quien es más "casero". Cuando ambos cónyuges son "muy sociales" o "muy caseros", no suele haber problema. El conflicto nace cuando se dan los extremos opuestos. En esos casos no hay más remedio que ceder en parte y moverse hacia una posición más intermedia. El *"socialito"* tendrá que limitarse un poco y el "casero" armarse de más valor para la fiesta. Lo ideal sería llegar a un equilibrio aceptable para ambos, más o menos a medio camino entre los dos extremos. Veremos más adelante, al afrontar el tema de las "tonteras", una técnica rápida para resolver situaciones puntuales sin complicarse excesivamente la vida: la técnica del "dónde estás".

Como recomendación general, aun a las parejas que disfrutan mucho de la vida social, cabe sugerirles que de ordinario no acepten más de un compromiso nocturno a la semana; quizá alguna vez, dos. Las desveladas pesan. Y más si al día siguiente tienen que levantarse temprano para "echar a andar" la casa. Los esposos deben cuidarse, ante todo, a sí mismos, y respetar lo más posible sus horas de sueño. No hay que olvidar que uno de los principales enemigos de las sanas discusiones es la fatiga física y mental.

La casa: ¿nido o puertas abiertas?

Lo que se acaba de decir sobre los compromisos sociales *fuera de casa* vale igualmente para los compromisos sociales *en casa*. Hay quienes gozan sobremanera invitando gente a su casa. Si por ellos fuera, su casa sería un *"Open House"* permanente. Recuerdo la casa de un amigo de la infancia que era así: "de puertas abiertas". Si antes de entrar tocaba el timbre me llamaban la atención. La puerta siempre estaba abierta. Al llegar sólo tenía que abrir la puerta, subir las escaleras, ir a buscar a mi amigo a su cuarto y, si estaba, qué bueno y, si no, me iba como entré. Hoy sería esto poco menos que impensable. De hecho, la mayoría de las casas hoy son lo opuesto. Las llamo casas tipo *nido*. A la mayoría de las familias les gusta su privacidad. Algunas, incluso, rara vez invitan a alguien. Cuando los cónyuges coinciden en una u otra preferencia, no hay ningún problema. Éste surge cuando uno prefiere una casa "de puertas abiertas" y el otro, "tipo nido". La solución está, de nuevo, más o menos a la mitad entre los dos extremos. Los dos tendrán que ceder parte de su preferencia a favor del otro. Y, en todo caso, siempre será deseable consultar al cónyuge antes de invitar a alguien a casa. No se trata de pedir permiso, pero sí de alcanzar al menos un consenso. Quizá ella tenía previsto dedicar la tarde-noche a reacomodar todos los estantes de la sala, y resulta que llega él sin avisar con dos amigos a ver un partido de futbol. "Lo cortés no quita lo valiente", se suele decir. La buena educación entre los esposos supone tener entre sí una cierta deferencia que significa, en otras palabras, tomar siempre al otro en cuenta.

14. LAS TONTERAS

y el capital emocional

Por qué importan las "tonteras"

No todos los días se afrontan grandes temas de discusión. Lo ordinario es que, en el día a día, se discutan temas mucho más intrascendentes, puntuales y ordinarios. Yo les llamo "tonteras". Aunque en realidad no se trata de asuntos sin importancia. De hecho, manejar bien esas decisiones menudas del día a día es casi tan importante como discutir los grandes temas. La principal diferencia es, más bien, que tales discusiones exigen soluciones inmediatas: a qué hora salir de casa, quién hace una compra, quién lleva el niño al entrenamiento, a dónde ir a cenar, cómo aprovechar el fin de semana, etc., son sólo unos cuantos ejemplos de los infinitos casos que se dan en la vida real de las familias.

Este cúmulo de decisiones aparentemente intrascendentes puede comprometer la estabilidad del matrimonio cuando habitualmente no se afrontan con atención, sentido común, tacto y una cierta "técnica". Lo ideal, de hecho, no es sólo resolverlas al menor costo posible en términos de desgaste de la relación, sino aprovecharlas para fortalecer la relación matrimonial.

El capital emocional

El concepto es de Kevin Thompson y se refiere, en pocas palabras, a los "recursos del corazón" necesarios para maximizar el capital intelectual en una empresa[42]. De hecho, para Thompson, el capital emocional constituye el activo más poderoso de cualquier empresa. Quizá habría que decir algo parecido, salvadas las distancias y sin absolutizar, del capital emocional en la vida matrimonial. Stephen Covey, de hecho, ya antes había utilizado un concepto parecido en el ámbito de las relaciones interpersonales[43]. Según Covey, cada persona tiene en su corazón, por así decirlo, una *cuenta bancaria emocional*. Cada vez que se le brinda afecto, se le reconoce un mérito o se le hace un favor, se "deposita" una cierta cantidad en dicha cuenta emocional. Cada vez, en cambio, que se le desvalora, critica o se le hace sentir mal, se realiza un "retiro" de dicha cuenta. El saldo positivo o negativo que cada uno tiene en el corazón de las personas que más ama depende, en definitiva, de los gestos, las actitudes, palabras y acciones concretas que va realizando cada día a favor o en contra de la relación. El capital emocional constituye, en otras palabras, las reservas de confianza, cariño, motivación y empatía de las que uno dispone en el corazón del otro. Aunque la metáfora es, de suyo, quizá un tanto simplista y "capitalista", no deja de tener buena parte de verdad. Ayuda a comprender que en las relaciones humanas, nada es indiferente.

> En las relaciones humanas, nada es indiferente.

El que cede gana

El discutir tonteras es una de las mejores oportunidades para "depositar" en la cuenta emocional de la esposa o del esposo.

42 Cf. K. Thompson, *Emotional Capital*, John Wiley & Sons, 1998

43 Cf. S. Covey, *The 7 Habits of Highly Effective People*, Free Press, 1989

Cada vez que uno cede a favor del otro, se hace un pequeño —o gran— depósito, porque la magnitud del depósito no depende tanto de la objetividad del gesto, sino también de la disposición subjetiva de quien recibe el favor. Hay ocasiones en que un pequeño detalle puede significar muchísimo para quien lo recibe, si su disposición anímica en ese momento es de gran necesidad. De ahí la importancia también de intuir el estado anímico del cónyuge cuando se discuten tonteras. De hecho, una manera de conocer dicha "disposición" o situación anímica es preguntándole abiertamente en qué "nivel de necesidad" se encuentra. Ésta es la base del principio que veremos a continuación.

> El amor se paga a sí mismo, es su propia recompensa.

Después de todo, cualquier discusión matrimonial debería ser una oportunidad para que ambos cónyuges puedan "salirse con la suya". Ninguna discusión matrimonial debería terminar con un ganador y un perdedor. El esquema ganar-perder se traducirá, a la larga, en un "perder-perder", pues las derrotas terminan por pasar su propia factura. En la relación matrimonial sólo es admisible el esquema "ganar-ganar". Si no es así, la discusión o negociación, por exitosa que resulte para uno de los dos, debe considerarse un fracaso. Es lo que explica Roger Dawson en su simpático libro *Cómo salirse con la suya*[44]. Obviamente, la manera

de "ganar" puede ser diferente para cada uno. Como sucede, precisamente, cuando uno cede a favor del otro con la intención de invertir en capital emocional: "perdió" la discusión del momento, pero "ganó" en términos de capital emocional. Ahora bien, puesto así, el esquema resulta

---

44 R. Dawson, *Cómo salirse con la suya*, Selector, 1991

demasiado utilitarista. El amor es gratuidad. Quien pretenda "sacar provecho" de todo en cierto modo está rebajando su amor. El amor se paga a sí mismo, es su propia recompensa. Por eso, además del beneficio que pueda uno recabar al ceder, la verdadera victoria debería ser, en realidad, el triunfo del amor.

La técnica del "¿dónde estás?"

El mismo S. Covey, en su ya citado libro, propone esta sencilla y eficaz técnica. Consiste en preguntar al cónyuge, sobre la base de una apreciación objetiva y justa, y en una escala de 0 a 10, "en dónde está" su grado de necesidad o preferencia en ese momento. Por ejemplo, si al salir del cine quieren ir a cenar, y uno tiene antojo de un restaurante formal y el otro, de una hamburguesa y unas papas a la francesa, para evitar que la velada acabe mal, basta que cada uno pregunte al otro: "¿Dónde estás?" Es decir, "¿En qué nivel está tu antojo de ese tipo de cena ahora mismo?". Si uno responde 5 y el otro 8, no hay más que discutir: gana la opción del que "más antojo" tiene. En el fondo, esto no es más que un modo de cuantificar el hecho —por subjetivo que parezca— de que uno tiene más antojo de su preferencia que el otro de la suya.

Obviamente, la técnica del "¿dónde estás?" funciona sólo sobre una base de sinceridad y juego limpio. Si uno de los dos responde habitualmente "10", seguramente no está siendo ni objetivo ni justo. Al mismo tiempo, como ya se dijo, este ejercicio permite siempre la posibilidad de darse una calificación más baja con la intención de ceder en aras de una inversión de capital emocional. Sobre todo si percibe que su saldo le anda pegando al cero.

HACIA UNA GUERRA PACÍFICA
LA FORMA: ACTITUDES, HABILIDADES Y TÉCNICAS MATRIMONIALES

Discutir es un arte; es decir, una destreza de carácter comunicativo que permite *intercambiar* ideas, emociones y decisiones de manera asertiva, ecuánime y constructiva. El verbo intercambiar supone la doble capacidad de hablar y escuchar; de dar y recibir; de abrir y acoger. Discutir no tiene por qué ser algo caluroso o amargo. Si el intercambio es sereno y propositivo, benévolo e inteligente, la discusión debería parecerse a una ejecución artística de patinaje sobre hielo. Sobre la fría, dura y resbaladiza superficie de hielo, el entrenamiento y la destreza permiten deslizarse y avanzar con estabilidad, ritmo, velocidad y gracia. El patinador experto conjuga y aprovecha de tal modo tal diversidad de factores que hace de su combinación un poema. ¡Qué maravilloso sería que los esposos articularan de tal modo sus antagonismos que hicieran de sus discusiones un poema! Puede sonar cursi, pero esta posibilidad alienta a pensar que su realización sería mil veces preferible a las discusiones que terminan en zafarrancho.

Llevar la guerra en paz parece una contradicción. En la vida matrimonial no lo es. De hecho, es la clave del éxito matrimonial. Los estudios más rigurosos sobre el matrimonio arrojan un dato impresionante: sólo 31% de las discusiones matrimoniales terminan en una forma de "acuerdo" o solución. Esto significa, en otras palabras, que 69% de las discusiones no llevan a ninguna parte. O, dicho de otro modo, la mayoría de los conflictos matrimoniales *no tiene* solución. Cuando los matrimonios entienden y aceptan esta realidad, el estrés de la relación baja considerablemente y las probabilidades de

El matrimonio se nutre de palabras. Y toda palabra es mucho más que una vibración acústica.

superar —no necesariamente resolver— cualquier conflicto, aumentan igualmente.

Esta tercera parte del libro tiene como objetivo ayudar a las parejas a *llevar la guerra en paz*; incluso hasta a reírse de ella. Para ello se abordan, entre otros, dos conceptos relativamente nuevos en el campo de la terapia matrimonial: la *inteligencia emocional* y la *resiliencia matrimonial*. Como es lógico, los *matrimonios emocionalmente inteligentes* —como algunos autores los llaman— tienen mejores índices de perseverancia y satisfacción marital. Lo mismo cabe decir de la *resiliencia*, concepto que, como ya hemos visto, ayuda a entender por qué algunos matrimonios son más "resistentes" que otros.

En esta parte se describen, por lo demás, algunas actitudes, habilidades y técnicas para que la discusión matrimonial sea lo que se anunció al inicio del libro: un espacio de vinculación, catarsis y sinergia conyugal. Se diría que, en el fondo, el objetivo es que los cónyuges aprendan a discutir como "buenos amigos", es decir, como dos personas que se conocen, se aman, se respetan y cuya relación posee una enorme capacidad de *autorreparación*.

Las *actitudes* son disposiciones de fondo que se expresan en forma de conductas concretas. Éstas, a su vez, en la medida en que se ejercitan una y otra vez, engendran *hábitos* o *habilidades*. Es casi imposible definir un elenco preciso de habilidades a favor de la vida matrimonial. Se recogen aquí sólo algunas habilidades que tienen que ver con el arte de discutir. Por lo que toca a las *técnicas*, cabe precisar que se trata del *modo de ejecutar* una tarea concreta. Aunque la vida matrimonial es todo menos una máquina, ciertas técnicas ayudan mucho, por lo menos para no estropear más "la máquina". El saber qué piezas son importantes, cómo "aflojar" ciertos tornillos y "apretar" ciertas tuercas, ayuda.

15. AMISTAD MATRIMONIAL

Las actitudes correctas

La primacía del amor

Cuando un matrimonio atraviesa una tormenta, le conviene recordar que alguna vez hubo calma. De hecho, al menos al inicio de su relación tuvo que haber existido un mínimo de acoplamiento psicológico y temperamental. Casi todos los matrimonios reconocen que uno de los motivos de más peso en la elección de su pareja fue la "buena química" que descubrieron entre ellos. Quizá hubo desavenencias más o menos fuertes durante el noviazgo, pero finalmente todo se solucionó y se casaron. Con el paso de los años, sin embargo, su paisaje biográfico se parece al de la Tierra tras los miles de millones de años que han transcurrido desde aquella explosión primordial del *"Big-Bang"*: tiene montañas, cordilleras, cañones, llanuras y desiertos; paisajes suaves y paisajes accidentados. En su cielo han aparecido soles y lunas, estrellas y planetas; asteroides que llegaron quién sabe de dónde y cometas que aparecieron, brillaron por un tiempo y se fueron. Apenas queda, quizá, un eco lejano de aquella eclosión de amor que hizo nacer su matrimonio, y cuyo resplandor sigue de algún modo impreso en una o dos fotografías sobre una mesita de la sala.

Como haya sido, ese amor primordial llegó a ser irresistible. Tan irresistible que les llevó al altar, comprometiendo sus vidas para siempre. Quizá el éxito de no pocos matrimonios ha sido su capacidad para *reconstruir* ese pasado. Los matrimonios que van hacia el fracaso suelen "reconstruir mal" su pasado. Más aún, suelen "reescribirlo" deformándolo y olvidando todo lo bueno que vivieron juntos y que les llevó a la decisión de casarse. Toda dificultad matrimonial, por difícil que parezca, podría tal vez desvanecerse si los esposos se recordaran entre sí: "Una cosa debe quedar clara: tú y yo nos amamos. El resto es ponernos de acuerdo".

Qué es la amistad matrimonial

Cuando los griegos hablaban de amor, solían distinguir tres maneras de amar: el amor de *"eros"*, el amor de *"filía"* y el amor de *"agapé"*. El amor de *"eros"*, en síntesis, es un amor de atracción, impulsivo, que brota de la necesidad que se siente del otro; el amor de *"filía"* es el amor de amistad; y el amor de *"agapé"* es el amor de donación o, como lo llama Santo Tomás de Aquino, "amor de benevolencia"[45].

El amor matrimonial nace, ordinariamente, de la atracción mutua entre el hombre y la mujer. En este sentido, la primera etapa del amor matrimonial suele ser un amor de *"eros"*, que se expresa como necesidad recíproca de estar juntos, de convivir, de emprender un camino tomados de la mano. El célebre predicador pontificio Raniero Cantalamessa dijo en una de sus conferencias: «Enamorarse de una mujer o de un hombre es realizar el acto más radical de humildad. Es hacerse mendigo y decirle al otro: "No me basto a mí mismo, necesito de tu ser"»[46].

Al mismo tiempo, sin embargo, el amor matrimonial tiende de suyo, como a su más alta expresión, al *amor de*

---

45   Santo Tomás de Aquino, *Summa Theologiae*, II-II, q. 27, a. 2

46   R. Cantalamessa, *Conferencia en el Congreso Teológico Pastoral de preparación al VI Encuentro Mundial de las Familias*. Ciudad de México, 14 de enero de 2009

donación. De hecho, una persona sin capacidad de sacrificio, de entrega generosa y desinteresada al otro, es una persona inmadura para la vida matrimonial, donde la relación se encuentra entretejida de momentos de abnegación personal en bien del cónyuge.

Estos dos tipos de amor, sin embargo, no se contraponen. De hecho, se entreveran y complementan desembocando, por así decir, en el *amor de amistad.* El amor de amistad posee, ciertamente, una dimensión "atractiva", un deseo de *"estar-con"* el otro y disfrutarse juntos. Al mismo tiempo, la amistad posee una dimensión "oblativa", que se expresa en un *"ser-para-el-otro".* La amistad auténtica se basa en la *reciprocidad* del amor, concepto clave al que Karol Wojtyla dedica un apartado de su libro *Amor y responsabilidad.* La reciprocidad aporta estabilidad a la relación. «Ello explica la confianza que se tiene en la otra persona y que suprime las sospechas y los celos. Poder creer en otro, poder pensar en él como en un amigo que no puede decepcionar es para el que ama una fuente de paz y de gozo»[47]. Como ya se dijo en la Introducción de este libro, la diferencia entre los matrimonios sanos y los enfermos no es la cantidad o intensidad de sus discusiones. De hecho, no pocos matrimonios estables y felices —dentro de lo que cabe— son muy "buenos para pelear". Lo que salva la relación es la *profunda amistad*

que los une. De hecho, esta amistad evita que al discutir se agredan o lastimen mutuamente. Ahora bien, la amistad a su vez suele apoyarse en cuatro grandes columnas: el conocimiento

---

47 *Op. cit.*, p. 246

recíproco, el respeto, la capacidad de autorreparación y la alegría de convivir.

Conocimiento recíproco

Los esposos, con el paso de los años, tienden a conocerse cada vez más: sus gustos, preferencias, tendencias, aficiones, modos de pensar, maneras de ser, gestos corporales y faciales, etc. Sin embargo, esto es verdad sólo en parte. Porque las personas y los matrimonios cambian, y el amor junto con ellos. De hecho, suele decirse que el tiempo hace con el amor matrimonial lo mismo que con el vino: al bueno, lo añeja; al malo, lo avinagra. Hay parejas que en lugar de conocerse más empiezan a "desconocerse" y a "desconectarse" entre sí.

Los amigos tienen la virtualidad de conocerse siempre de nuevo. No se quedan anclados en un conocimiento del pasado, sino que mantienen abierto su "aprendizaje del otro". El suyo es un *conocimiento flexible*, capaz de incorporar los cambios que con el tiempo pueden darse en una persona. Es también un *conocimiento profundo*, que bien pudiera llamarse *comprensión*. La diferencia entre conocer y comprender es importante: el conocimiento se funda en datos; la comprensión en actitudes. El conocimiento suele ser fijo; la comprensión, flexible. El conocimiento es frío y objetivo; la comprensión, cálida y compasiva. El conocimiento se basa en una visión fotográfica que recoge "imágenes"; la comprensión, en una visión "dinámica", que valoriza más "la historia completa" que un hecho aislado. Comprender, en este sentido, significa intentar abarcar *el todo* de una persona. De hecho, la comprensión es fundamento de la siguiente columna de la amistad matrimonial: el respeto.

El respeto matrimonial

Hace algunos años desayunaba con un exitoso hombre de negocios. Su padre había fundado un importante negocio familiar y él había logrado consolidarlo y expandirlo. Mientras

LAS TONTERAS **137**

se servía un poco de fruta, me decía: "Hoy cumplo cuarenta y cuatro años de casado". Lo felicité. Sabía que su matrimonio había sido estable y, en muchos sentidos, ejemplar. Añadió: "Si algo he aprendido en estos cuarenta y cuatro años es que el matrimonio es...". Mi mente se adelantó adivinando las posibles definiciones: *cariño, detalles, convivencia, aguante, ceder...* Pero él concluyó con una palabra que, desde entonces, despertó en mí una profunda convicción personal en relación con el matrimonio: "¡respeto!".

> Cuando un matrimonio atraviesa una tormenta, le conviene recordar que alguna vez hubo calma.

La palabra "respeto" viene del latín *"respicere"*, que significa: "mirar hacia atrás" o "mirar de nuevo". Una traducción un poco más amplia sería "mirar dos veces", dirigir reiteradamente la mirada o la atención a algo o a alguien. La idea, en el fondo, es clara: hay que *mirar dos veces* al otro antes de juzgarlo, de hablar, de actuar. El respeto es una mirada atenta, capaz de comprender, como ya dijimos.

Así tocamos otro elemento clave de la amistad matrimonial: la *inteligencia matrimonial*. Una vez más, las etimologías nos ayudan a comprender mejor los conceptos. "Inteligencia" viene de *"intus – leggere"*, que significa "leer dentro" o pudiera decirse también, "entrar y leer". El respeto, en última instancia, se basa en esta inteligencia, es decir, en esta capacidad de entrar en la realidad del otro y leerla con atención. El verdadero amor, como ha escrito Enrique Rojas, es *inteligente*. Es un amor que *entra* en el corazón del otro y lee, con la intuición que le es propia, su realidad y necesidad. Ésta, me parece, es la raíz profunda del respeto matrimonial. El binomio *respeto-inteligencia matrimonial* es, sin duda, una actitud-habilidad clave de los matrimonios exitosos.

Como se ve, el respeto es mucho más que no agredir u ofender. Tal sería el nivel mínimo. Respetar es abrir el espacio para que *el otro sea como es*, pero no a la manera de un *"let it be"* despreocupado e indiferente sino, más bien, como quien le ofrece oportunidades para que crezca y se desarrolle *sin perder su esencia*. Por eso, respetar es mucho más que *tolerar*; respetar es *promover, apoyar, impulsar*. Es crear las condiciones para que el cónyuge se desenvuelva en un espacio distendido y motivador, donde pueda abrir sus alas y volar lejos, desarrollando lo mejor de sus potencialidades. El esposo que, por ejemplo, apoya a su esposa cuando ésta quiere realizarse o perfeccionarse en el campo cultural, laboral o empresarial, sin detrimento de sus responsabilidades familiares, le está manifestando un gran respeto.

La autorreparación y el perdón
Quizá una de las mejores imágenes para mostrar lo que es la vida matrimonial es la de un antiguo tapete persa. Cuando se lo mira por delante parece una intacta obra de arte; cuando se lo mira por detrás saltan a la vista suturas y remiendos. Así son, en realidad, todos los matrimonios, y especialmente los que, con el paso de los años, parecen "intactos". Por "delante" se les ve felices, sólidos y funcionales; por "detrás", sin embargo, presentan rasgaduras, suturas y remiendos. Lo que ha salvado su matrimonio es la habilidad para remendar y suturar las heridas una y otra vez; es decir, su enorme habilidad de autorreparación.

A veces bastan unas cuantas puntadas. Algunos autores hablan de *medidas de desagravio*, que funcionan, por ejemplo, en un momento de cierto acaloramiento. Basta, quizá, un gesto cómico inesperado para romper un momento de tensión. Esta *capacidad de desagravio* inmediato es, sin duda, una excelente habilidad. Sin embargo, cuando las heridas son más grandes, no bastan unas cuantas "puntadas" cómicas. De hecho, pueden resultar contraproducentes.

Llegamos así a un elemento fundamental de todo matrimonio exitoso: *la capacidad de perdón*. He celebrado muchas bodas. Una y otra vez advierto a los novios que es prácticamente imposible que no se lastimen mutuamente; que no lleguen, incluso, a herirse profundamente a lo largo de su vida matrimonial. Todos somos imperfectos y, sabiéndolo o no, queriéndolo o no, vamos lastimando a las personas con las que convivimos. La clave no es "no herir" —aunque obviamente hay que hacer el esfuerzo por hacerlo lo menos posible—; la clave es saber pedir perdón y saber darlo. Y ambas cosas, con sinceridad.

> Una cosa debe quedar clara: tú y yo nos amamos. El resto es ponernos de acuerdo.

La palabra "perdón" viene del latín *"perdonum"*. El prefijo *"per"* se utiliza para significar una acción completa y total; "donum" significa don, entrega. *Perdonar es el don más pleno y generoso que podemos dar.* Perdonar es, por lo mismo, la forma más alta de amar. Dijo Jesús: «Nadie tiene amor más grande que aquel que da la vida por su amigo»[48]. Perdonar es, en este sentido, dar la propia vida por el otro. Jesús lo hizo precisamente así cuando dijo, al ser crucificado: «Padre, perdónales porque no saben lo que hacen»[49].

Pedir perdón cuesta y, darlo, cuesta más. Conviene aclarar que el perdón no es un sentimiento. El perdón es un acto de la voluntad. Se puede perdonar sinceramente y seguir sintiendo dolor, frustración, incluso rabia. En tales circunstancias, el perdón tiene aún más mérito. Sólo el tiempo cura las heridas. De hecho, las heridas matrimoniales se comportan igual que las del cuerpo: al inicio sangran, arden y hacen sufrir; mientras cicatrizan, son sensibles, delicadas, y corren el riesgo de reabrirse; hay que cuidarlas. Con más tiempo, las heridas

---

48   *Jn* 15, 13

49   *Lc* 23, 34

cicatrizan y dejan de doler. Queda, sí, la cicatriz como recuerdo de una herida recibida; pero un recuerdo que no se lleva ya con pena sino con cierto honor y satisfacción. Porque, me atrevo a pensar, al final de la vida las *cicatrices matrimoniales* —igual que las cicatrices de guerra— se llevarán como gloriosas medallas cuyo mérito atraerá grandes bendiciones del cielo para toda su familia.

La alegría de convivir

Lo que más une a los amigos no es la afinidad de gustos, sino el placer de disfrutarlos juntos; placer que deriva del compartir algo que es realmente bueno para ambos y que funda una amistad profunda, madura y casi inquebrantable, como decía Aristóteles en su tratado sobre la amistad[50]. De hecho, los amigos se frecuentan, se buscan, se reservan tiempos para estar y disfrutar juntos sus pasiones y aficiones. Podría pensarse que *ser amigos* es menos que ser esposos. Pero, como ya vimos, el *amor de amistad* es una síntesis entre el *amor de atracción* y el *amor de donación*. Por eso, la relación de los *esposos-amigos* no es menos sólida que la de los *esposos-amantes*.

Ahora bien, para que la convivencia sea verdadera expresión de amistad, conviene reservarle *espacios de alegría*. Es decir, no dedicar todo el tiempo de convivencia a resolver problemas. Hay parejas que tienen poco tiempo para convivir y entonces, sobre todo la esposa, siente la necesidad de aprovechar ese "poco tiempo" para desahogar problemas. El esposo, como ya se vio, siendo menos capaz de sobrellevar el estrés que la mujer, hará lo posible por evadirlos. Conviene tener esto en mente para no echar a perder, precisamente, esos escasos momentos de convivencia o, por lo menos,

> Perdonar es el don más pleno y generoso que podemos dar.

---

50   Aristóteles, *Ética a Nicómaco*, libros VIII y IX

para reservar algunos de ellos a una relación tipo "cero problemas".

En segundo lugar, los matrimonios deben actualizar constantemente sus *puntos de conexión*, es decir, sus intereses, gustos y preferencias comunes. Y digo *actualizar* porque las personas cambian. Lo que hace unos años les gustaba o apasionaba a ambos, con el tiempo puede perder su atractivo. Lo importante es contar siempre con puntos de conexión activos, y si no los hay, buscarlos o de plano, inventarlos. Existen ejercicios muy prácticos para conocer los intereses de uno y otro y apostar a ellos: ¿Cuál es su pasatiempo favorito? ¿Qué música prefiere? ¿Cuáles son sus películas preferidas? ¿Qué libros ha leído o está leyendo? ¿Qué comida le gusta? Buscándolos, uno se da cuenta inmediatamente de que existen infinidad de posibles puntos de conexión.

Finalmente, la amistad matrimonial supone también *aprender a disfrutar* lo que le gusta al otro. Recuerdo que durante mis prácticas apostólicas como seminarista tuve que convivir durante un año con otro seminarista. Juntos viajábamos y visitábamos varias ciudades dando charlas en escuelas. Apenas empezamos a trabajar juntos nos dimos cuenta de que nuestros gustos eran bastante diferentes: él prefería el aire acondicionado y la música sevillana; yo no sólo no soportaba dicha música —sin agraviar a los sevillanos— sino que también soy un tanto friolento. Para evitar pleitos tomamos una decisión salomónica: "el que conduce manda". Como lo importante era evitar un accidente por quedarse dormido al volante, si él conducía ponía las sevillanas y el aire acondicionado al máximo —yo iba preparado con el abrigo a mano—. Si yo conducía, ponía "mi música" y le bajaba al aire acondicionado. El acuerdo no sólo funcionó muy bien, sino que superó, al menos, mis expectativas. A fuerza de escuchar la música sevillana le fui tomando gusto. Lo mismo puede suceder en la vida matrimonial. Cada esposo tiene más capacidad de la que cree para *aprender a disfrutar* los gustos del otro. Basta darse la oportunidad. Y así, los puntos de conexión pueden multiplicarse indefinidamente y, con ello, la posibilidad de disfrutar lo mismo y convivir con alegría.

16. EL AMOR NO BASTA

Habilidades matrimoniales

La psicología cognitiva ha evidenciado la importancia de nuestros pensamientos, tanto para la propia salud emocional como para las relaciones interpersonales. Se intuye inmediatamente su igual importancia para la vida matrimonial. El amor no basta, sugiere Aaron T. Beck[51]. Se requieren ciertas habilidades, como el pensar de manera positiva, ser flexibles, ajustar expectativas y expresarse con asertividad. Hay personas que aman sinceramente, pero lastiman su relación matrimonial al no prestar atención a este tipo de habilidades.

Este capítulo ofrece un elenco muy básico de estas habilidades. Como se sabe, hay quienes nacen con ellas; otros —quizá la mayoría— debemos aprenderlas y desarrollarlas con paciencia, al menos hasta alcanzar un nivel aceptable.

Inteligencia emocional y resiliencia matrimonial

Mucho se ha hablado en los últimos años sobre la *inteligencia emocional*. Desde que Daniel Goleman publicó su célebre libro en 1995[52], el concepto ha tenido una enorme aceptación y se han desarrollo muchos cursos y programas. Los elementos esenciales de la inteligencia emocional

---

51 Cf. A. Beck, *Love is never enough*, Harper Collins, 1989

52 Cf. D. Goleman, *Emotional Intelligence*, Bantam Books, 1995

son el automonitoreo, la autorregulación, la empatía, la motivación y las habilidades sociales. Elementos todos que, en cierto modo, concretizan la práctica diaria del *amor a los demás* y, especialmente, a quienes nos son más cercanos. El mismo concepto se ha aplicado, ampliándolo, a la realidad del matrimonio. Hoy se habla de *matrimonios emocionalmente inteligentes*, es decir, con buenas habilidades de monitoreo, autorregulación y autorreparación; empatía y motivación; respeto, cariño y admiración mutua.

La resiliencia matrimonial es otro concepto que está revolucionando a su manera la pedagogía y la terapia matrimonial. Ya la definimos y hablamos de ella en el capítulo cinco, hablando de fe, religión y espiritualidad. Según Sam Goldstein y Robert Brooks[53], la resiliencia depende también de ciertas habilidades, como son la capacidad de cambiar los diálogos de la vida y reescribir los guiones negativos, de manejar y sobrellevar el estrés, de ser empático y capaz de una buena comunicación, de aceptarse a uno mismo y a los demás, de compadecerse y de alcanzar un buen nivel de autodisciplina y autocontrol.

> Escuchar es permitir que la palabra del otro se abra camino en nuestro entendimiento y se interne de alguna manera en nuestro corazón.

El arte de escuchar

Ningún arte se basa en reglas fijas o leyes científicas. Pero si hubiera que fijar una regla en el arte de discutir es la de *escuchar*. Escuchar es mucho más que oír: es prestar atención. Y se presta atención no sólo con los oídos, sino con la mirada, los gestos y el semblante. Escuchar es un esfuerzo físico y mental de *concentración*, de focalización no sólo en las palabras, sino

---

53 Cf. S. Goldstein & R. Brooks, *The Power of Resilience*, McGraw-Hill, 2004

también en las expresiones no verbales que las acompañan. Escuchar es permitir que la palabra del otro se abra camino en nuestro entendimiento y se interne de alguna manera en nuestro corazón. Hombres y mujeres tienen necesidad de hablar y de sentirse escuchados. Pero la mujer tiene más necesidad que el hombre. Algunos estudios señalan que la mujer habla en promedio tres veces más que el hombre: 20,000 palabras al día contra 7,000. Al mismo tiempo, la mujer es más perceptiva e intuitiva que el hombre. Ella "lo lee" antes de que él hable. El hombre, en cambio, adivina con más dificultad lo que piensa o quiere decir su mujer. En cierta ocasión recibí un elenco de las respuestas de una mujer que los hombres deben aprender a interpretar. Lo transcribo aquí porque me pareció, según ciertas experiencias, bastante cercano a la realidad:

Nueve palabras o frases que las mujeres utilizan
y que los hombres deben aprender a interpretar

1. *"OK"*: Es la palabra que las mujeres utilizan para finalizar una discusión cuando han decidido que ellas *tienen* la razón y no te harán más caso.

2. *"Cinco minutos"*: Si ella se está arreglando, esta expresión significa *media hora*. Pero *cinco minutos* son exactamente *cinco minutos* cuando te los concede para terminar de ver el partido antes de salir a ayudarle con la compra.

3. *"Nada"*: Es la calma antes de la tormenta. Significa *algo*, normalmente, muy grave. Deberías estar totalmente alerta. Las discusiones que empiezan con un *"nada"* normalmente terminan con un *"OK"* (ver punto 1).

4. *"No hay problema"*. También "adelante, hazlo" o "no, no me molesta": No te está dando permiso. Te está retando. No se te ocurra hacerlo...

5. *Gran suspiro*: Los suspiros de una mujer también son palabras, que los hombres normalmente no entienden. Un suspiro alto y claro significa que ella piensa que eres idiota y se pregunta por qué está perdiendo el tiempo discutiendo contigo por *"nada"* (ver punto 3).

6. *"Muy bien"*: Es una de las frases más peligrosas. Significa que ella meditará cuidadosamente antes de decidir cómo y cuándo pagarás tu error.

7. *"Gracias"*: Si una mujer te agradece algo, no preguntes, no te interrogues, no dudes; sólo di "de nada".

8. *"Me da igual"*: También "me da lo mismo", es la forma femenina de mandarte a volar...

9. "Tranquilo, lo he entendido": Frase de una mujer cuando ha dicho al hombre en repetidas ocasiones que haga algo, y finalmente lo está haciendo ella misma. Esto más tarde llevará al hombre a preguntarle: "¿Qué te pasa?". Para saber la respuesta, ver el punto 3.

Bromas aparte, quizá uno de los regalos más grandes que una persona puede recibir de su cónyuge es el de sentirse escuchado y comprendido. Todos lo necesitamos. Especialmente cuando se lleva a cuestas un pesado bulto de tensiones, sufrimientos y frustraciones. Pero no sólo eso; también los éxitos y las alegrías, el concebir nuevas ideas o descubrir algo ponen en el corazón la urgencia de ser escuchado.

Escuchar supone abnegación. Sobre todo si la persona que habla no sigue un discurso lineal sino circular, dando vueltas y vueltas sobre lo mismo. Toda persona casada, sin embargo, debería presupuestar cada día un *tiempo de escucha* como parte integral de la rutina diaria. El matrimonio se nutre de palabras. Y toda palabra es mucho más que una vibración acústica. Es mensaje portador de conceptos y sentimientos; de experiencias, situaciones y percepciones; de intenciones, deseos y aspiraciones. La palabra es intrínseca a la experiencia humana. Tanto que, sin ella, según los filósofos del lenguaje, no habría experiencia digna del adjetivo "humana". La palabra es mediadora de la experiencia.

> Uno de los regalos más grandes que una persona puede recibir de su cónyuge es el de sentirse escuchado y comprendido.

Algunos consejos —o propósitos— prácticos para escuchar bien son los siguientes:

— *Escucha sin interrumpir*: regla básica difícilmente cumplida. Hay que dejar hablar hasta que el otro termine de expresar lo que quiere decir.

— *Escucha con empatía*: no basta una fría recepción del mensaje. Hay que intentar sintonizar con el estado de ánimo de la persona cuando habla.

— *Escucha con atención y comprensión*: es decir, concentra la mente en el mensaje y trata de descifrarlo lo mejor posible, aunque a veces resulte una tarea casi imposible.

— *Escucha con asentimiento*: antes de responder con un "no", habría que intentar decir siempre al menos un "sí", aunque sólo sea para decir: "sí, estoy de acuerdo, te he entendido"; aunque después haya que matizar la respuesta o completarla con una negativa, debidamente fundamentada.

El arte de decir las cosas

Si escuchar es un arte, *saber decir las cosas* requiere no menos destreza. Todos podemos decir mejor las cosas. Unos hablan muy "golpeado" y otros de modo muy meloso; unos hablan demasiado lento y otros parecen ametralladoras; unos hablan hasta por los codos y otros son más herméticos que una lata de sardinas. En cualquier caso, decir bien las cosas es el arte de expresarse con asertividad, claridad y precisión. Tanto peca el imprudente que dice las cosas con excesiva espontaneidad, como el que jamás abre la boca por temor a lastimar. Ofrezco a continuación siete consejos prácticos para decir bien las cosas:

1. *Sé conciso*: sobre todo en el día a día, cuando hay a veces tanta prisa. Aunque, obviamente, la pareja debe encontrar momentos para hablar de manera distendida, sin ninguna urgencia ni economía de palabras.

2. *Sé claro*: no pretendas que tu cónyuge adivine el mensaje utilizando rodeos o palabras meramente "evocativas". No uses acertijos si quieres ser comprendido.

3. *Sé bondadoso*: lo que vayas a decir, que vaya siempre revestido de bondad, de consideración hacia el otro. Recuerda lo que se dijo ya sobre el respeto.

4. *Sé prudente*: escoge bien el momento, el lugar y las palabras. La prudencia es el arte del *cómo, cuándo y dónde*. La prudencia es clave para que el mensaje llegue

al otro y sea bien recibido; es el aceite de las buenas discusiones.

5. *Sé manso y humilde*: no des la impresión de que hablas desde arriba, de modo arrogante o como quien todo lo sabe o tiene la solución para todo. La persona mansa y humilde no impone, propone.

6. *Sé controlado*: es quizá uno de los retos más difíciles, sobre todo cuando la situación o el tema es de suyo tenso o desagradable. Le dedicamos a este punto un párrafo aparte más adelante.

7. *Sé asertivo*: expresa con libertad tus convicciones, ideas, sentimientos, emociones y deseos y, cuando sea el caso, defiende también tus derechos y posiciones, sin intención de herir o dañar al otro.

El control emotivo

Uno de los elementos clave de la inteligencia emocional, como se vio, es la *autorregulación*, que bien puede identificarse con el control emotivo. Éste podría definirse como la habilidad para someter las descargas emotivas al discernimiento de la inteligencia y al gobierno de la voluntad. La emotividad es una esfera importantísima del ser humano. Bien entendida y encauzada, la emotividad es una riqueza humanizadora que nos permite ser empáticos y compasivos, saborear la vida e infundir pasión en nuestros grandes ideales y proyectos. Mal encauzada o desbordada, la emotividad puede ser muy destructiva.

> Tanto peca el imprudente que dice las cosas con excesiva espontaneidad, como el que jamás abre la boca por temor a lastimar.

Lamentablemente, la emotividad no nos obedece a voluntad igual que un brazo o una pierna. Por lo mismo, el control emotivo no puede ejercerse directamente sino sólo indirectamente. Y es donde entran en juego los pensamientos, las expectativas y los recuerdos que evocamos. Incluso más que los estímulos externos, lo que excita la emotividad son los *estímulos internos*, que proceden de la mente, la memoria, la imaginación y la fantasía.

El mundo interior de cada persona será subjetivo y misterioso; pero es siempre una *realidad*, y no se puede dejar de lado o menospreciar sin más. Cierto que las discusiones matrimoniales deberían ser lo más objetivas posible, basadas en "hechos" y no en percepciones o imaginaciones. El hecho es que "los hechos" no se presentan en la mente humana sin una distinta "percepción subjetiva" entre los hombres y las mujeres, como se explicó al inicio de este libro.

El control emotivo, más que bloquear los sentimientos o reprimir las emociones, les da un cauce adecuado considerando que el otro es, en realidad, alguien a quien amo y alguien que me ama. Aquí entra de lleno todo lo dicho sobre la *amistad matrimonial*, que deriva en una actitud de confianza y benevolencia recíprocas como base de todo control. En otras palabras, el control emotivo se basa en buena medida en la convicción de que el otro no es un agresor. La convicción opuesta genera la actitud defensiva que J. Gottman considera uno de los cuatro jinetes del apocalipsis matrimonial, como también vimos.

Ahora bien, cuando, a pesar de las convicciones de fondo y los esfuerzos de la voluntad, la discusión se sale de control y sube la temperatura anímica, es preferible cortar y posponer la discusión. Las parejas que son capaces de interrumpir sus discusiones cuando se sienten turbados por las pasiones irascibles tienen un excelente pronóstico. Por lo demás, es de sabios no tomar decisiones ni resoluciones bajo el influjo de una pasión desbordada. Aplazar la discusión les permitirá no sólo calmarse, sino también rehacerse anímicamente, recuperar la cordura y claridad mental, y así afrontar con nuevos ojos la situación que están tratando de resolver.

Cuidar las formas

La comunicación humana no se limita a las palabras. El volumen y el tono de la voz, los gestos faciales y el lenguaje corporal tienen mucho que decir. En los últimos años se ha dado cada vez más importancia a estos elementos, que forman parte de lo que hoy suele llamarse *imagen personal*. Algunos propósitos concretos en este renglón podrían ser los siguientes:

1. *Cuida el volumen y el tono de la voz*: el signo universal de una mala discusión es alzar el volumen de la voz. El volumen y tono de la voz normal dan al interlocutor la sensación de control emotivo y de serenidad; de que no se está quemando la casa ni cayendo el mundo. Y esto favorece enormemente el clima de la discusión.

2. *Cuida tus gestos faciales*: todos hacemos caras, queriéndolo o no. Es bueno mirarse de vez en cuando en el espejo y ver qué gestos hacemos normalmente al hablar. Mantener un semblante amable y un gesto acogedor será siempre la mejor manera de recibir y atender al otro cuando nos dice algo o nos escucha. Esto no significa esbozar siempre una sonrisa. De hecho, cuando una persona está enojada o herida, la sonrisa del otro puede exasperarle aún más.

3. *Cuida tus posturas*: no existe una postura ideal para discutir. Se puede discutir de pie, sentados, acostados o como sea. En todo caso, la postura que mejor ayude a ver y escuchar al otro, haciéndole sentir que se le

está prestando atención, es lo más importante. Si, por ejemplo, empieza una discusión mientras ven la televisión, es posible que haya que apagar el televisor y girarse 90° para mirar de frente y hacer sentir al otro que se le está prestando toda la atención. (Por favor, esposas, no empiecen una discusión justo cuando su marido se dispone a ver por televisión su deporte favorito).

17. LA DISCUSIÓN SINÉRGICA

El fruto de discutir bien

Qué es sinergia

La diferencia entre discutir y simplemente dialogar o conversar es que en la discusión hay al menos dos posiciones diferentes, contrapuestas o divergentes. Ésa es también su mayor riqueza. Las diferencias entre el hombre y la mujer, más que tolerarse, deberían celebrarse. Discutir es poner cada uno su opinión, su punto de vista, su percepción de las cosas, su entendimiento del asunto, incluso su voluntad de solución al servicio de una mejor conclusión. Si yo pienso "a" y tú piensas "b", tras una buena discusión, el resultado "c" debería ser mejor que "a" y que "b"; más aún, debería ser mejor incluso que la suma de "a" y "b".

Según el diccionario, *sinergia* es una asociación de factores que, actuando conjuntamente, generan un producto mayor que el que se deriva de su empleo individual por separado. Poniéndolo en números, la fórmula $2 + 2 = 4$ no es una sinergia. La sinergia comienza cuando $2 + 2$ dan 5 o más. En una relación sinérgica, cada elemento *vale más* de lo que podría valer aisladamente. La combinación sinérgica hace que cada elemento incremente su valor *al entrar en relación* con los demás elementos de la sinergia.

La complementariedad sinérgica

Las diferencias entre el hombre y la mujer son más que sólo *funcionales*. El matrimonio es sinérgico por naturaleza. El hombre y la mujer fueron diseñados para *complementarse sinérgicamente*; es decir, para que cada uno incremente su valor, se potencie y dé mucho más de sí que si quedara solo. Usando la parábola evangélica del grano de trigo, el hombre y la mujer necesitan *sembrarse* como semillas en el surco de la vida matrimonial para dar mucho fruto[54]. La vida matrimonial tiene, en este sentido, una virtualidad potenciadora de la persona. El carácter sexuado de la persona humana es una predisposición natural al intercambio sinérgico con el sexo opuesto.

Discutir sinérgicamente

No hay discusión más fructífera que la *discusión sinérgica*. Ahí donde nadie "se sale con la suya" porque los dos salen, en realidad, con algo mejor. La discusión sinérgica nunca puede terminar con un ganador y un perdedor; sigue siempre la lógica del "ganar-ganar". De hecho, todas las discusiones matrimoniales deberían seguir la lógica del "ganar-ganar". Incluso cuando uno tenga que ceder o "perder", porque en tales casos "se gana" siempre por otro lado, como vimos al hablar de las tonteras y el capital emocional. En la discusión sinérgica no hace falta siquiera acudir al concepto de capital emocional, porque el resultado es, de por sí, satisfactorio para ambos.

La discusión sinérgica puede aplicarse prácticamente a cualquier discusión. Sin embargo, vale sobre todo para discutir los grandes temas, que es donde importa realmente llegar a una solución o conclusión enriquecida lo más posible.

---

54 Cf. *Jn* 12, 24

Cuatro presupuestos de la discusión sinérgica
Existen cuatro presupuestos básicos para llevar a cabo una discusión sinérgica. En cierto modo, recogen y sintetizan algunas de las habilidades matrimoniales ya indicadas anteriormente. En la discusión sinérgica encuentran, sin embargo, una de sus mejores expresiones y campos de aplicación.

1. *No presuponer nada; preguntar.*
Muchas discusiones que podrían ser sinérgicas terminan abortadas por *presuponer* lo que en realidad no se conoce. La discusión sinérgica exige transparencia y conocimiento. Si uno no está seguro de haber entendido suficientemente lo que el otro dice y por qué lo dice, debe preguntar y no presuponer. Se verá con mayor claridad en el ejemplo que aparecerá más adelante.

2. *No interrumpir; escuchar.*
Es importante que cada uno de los cónyuges exponga completamente su idea o propuesta sin ser interrumpido. Sobre todo cuando se está discutiendo un tema de fondo. En esos casos, no basta con explicar lo que uno tiene en mente; es muy conveniente externar también lo que se tiene en el corazón. Sobre todo en los temas de fondo, la visión completa no se reduce a conceptos objetivos; incluye también sentimientos, percepciones, temores e ilusiones, que deben externarse también de alguna manera. La *visión de las cosas* del hombre y la mujer es diferente. La de la mujer suele ser más intuitiva, emotiva y cargada de percepciones; la del varón, más lógica, racional y objetiva. Ninguna de las dos es mejor que la otra. Son diferentes y cada una tiene su valor. En la discusión sinérgica, cada uno debe abrirse a la visión del otro y permitir, por así decirlo, una fusión de visiones que, en tal caso, será siempre una *visión enriquecida.*

Escuchar sin interrumpir significa no presuponer que ya se sabe "todo lo que el otro va a decir". Es cierto que muchos esposos se conocen demasiado bien, y han discutido muchos temas por mucho tiempo. Por lo mismo, suelen conocer y adivinar "lo que el otro va a decir". No hay que olvidar, sin embargo, que discutir tiene un valor catártico. Dejar que el otro se exprese completamente es permitirle desahogar sus sensaciones, emociones e inquietudes mientras habla. Quien se siente escuchado está en mejores condiciones anímicas para llegar a un acuerdo o encontrar una solución sinérgica.

3. *No precipitarse; reflexionar.*
Un error común en los temas de fondo es precipitarse y optar por la primera solución que viene a la mente. Es cierto que muchas veces ésa es la mejor solución. La experiencia, la sabiduría acumulada a lo largo de la vida, el conocimiento del tema y un cierto instinto —ligado a la *gracia de estado*, de la que hablaremos en el próximo capítulo— suelen ayudar a los esposos a intuir la respuesta.

> El matrimonio es sinérgico por naturaleza; tiene una virtualidad potenciadora de la persona.

Sin embargo, con frecuencia se dan situaciones complejas, con múltiples variables que se deben considerar y valorar antes de tomar una determinación. Otras veces, la solución —aunque sencilla— no se ve a primera vista. Hace falta escarbar para descubrirla. Un tiempo de reflexión nunca sobra. De hecho, es recomendable que los esposos, antes de tomar la decisión final sobre algún tema de cierta relevancia, lo dejen "reposar" por algunos días, y luego lo retomen y decidan si mantienen o no la resolución que habían previsto. No rara vez, habiendo madurado un poco más el tema, se perciben matices y perspectivas que no se habían tomado en cuenta y se llega a mejores soluciones.

4. *No contentarse con soluciones de compromiso: sinergizar.*
A veces lo más fácil es llegar a una solución de compromiso.
Una en la que ninguno de los dos pierda, pero tampoco gane.
Dijimos que la discusión sinérgica debería seguir la lógica del
"ganar-ganar". Si no fuese así no sería sinergia. Las soluciones
de compromiso son "soluciones a medias",
que sólo en casos de *impasse* —es decir, de
discusiones atoradas que ya no van a ninguna
parte— podrían tolerarse por el bien de la
paz, como solución pasajera y conscientes
de que la solución definitiva sigue en espera
y requiere de más reflexión, discusión y,
seguramente, oración.

> Las diferencias entre el hombre y la mujer, más que tolerarse, deberían celebrarse.

¿Ventana abierta o cerrada?

Laura y Juan llegan al hotel en su luna de miel: un grandioso
hotel con vista al mar en una playa paradisiaca. Laura abre la
puerta y entra a la habitación. Juan viene unos metros detrás
con un ayudante del hotel y las maletas. La vista al mar es
espectacular. Lo primero que ella hace es abrir las ventanas de
par en par para sentir la brisa. Una bocanada de aire tropical
le acaricia el rostro. Tras breves instantes de contemplación,
se gira y entra al baño. Juan llega entonces, da una propina y
acomoda las maletas. Al ver las ventanas abiertas, las cierra
sin pensarlo dos veces y prende el aire acondicionado. Laura
sale del baño y entra Juan. Ella, viendo las ventanas cerradas
y el aire encendido, apaga el aire y abre de nuevo las ventanas.
Cuando Juan sale del baño, dice: "Cerré las ventanas y prendí
el aire porque…". Ella, sin dejarlo terminar, dice: "Pues
yo apagué el aire y abrí las ventanas". Juan replica: "Es que
yo quiero las ventanas cerradas"; y Laura: "Y yo las quiero
abiertas".

Estamos ante el primer *impasse* de una pareja de recién
casados. Ciertamente no hay un gran tema de fondo, pero

pone a prueba la capacidad sinérgica de la pareja. El viaje ha sido agotador. Los dos están desvelados y cansados. La mecha de los dos está muy corta y pueden saltar chispas en cualquier momento. Un primer escenario sería pasar de la discusión al pleito sin llegar a ningún acuerdo. Cabe prever que Juan se desespere al comprobar que su ahora esposa es más terca que cuando era su novia, mientras ella piensa exactamente lo mismo de él. Quizá él entonces haga una rabieta y se salga de la habitación con un portazo, mientras ella se echa a la cama a llorar de coraje y frustración.

Con una discusión sinérgica el guión sería otro. En éste ni Juan ni Laura presupondrían nada. Lo primero que harían sería preguntar y escuchar sin interrumpir al otro *por qué* quiere la ventana abierta o cerrada. Ella explica a Juan que no fueron a un hotel así a encerrarse, sino a contemplar la belleza del lugar y a sentir la brisa del mar. A él, en cambio, lo que le preocupa es que la brisa del mar y la arena puedan dañar su nueva *laptop*, que es su más preciado regalo de bodas. Habiendo aclarado esto, ahora ambos saben el *porqué* de sus respectivas posiciones. Es el momento de *reflexionar*. Cada uno tiene una razón de peso y su postura parece legítima. Una solución de compromiso sería: "Ni tú ni yo: media hora abierta y media hora cerrada". En realidad, ambos pierden con esta solución. Dejar la ventana "medio abierta" tampoco es una solución satisfactoria. La verdadera solución quizá no se ve a primera vista, pero es bastante sencilla. Laura se anticipa: "¡Tengo la solución!". Sale de la habitación, va a una tienda cercana, compra una bolsa de plástico de cierre hermético y regresa: "Dame tu *laptop*". La mete en la bolsa de plástico y él queda satisfecho al constatar que su *laptop* está bien protegida. Un instante después, Juan va a la ventana y la abre mientras ella se acerca por detrás, lo abraza y le besa el

LA DISCUSIÓN SINÉRGICA **159**

cuello. Lo que sigue ya no es tema para este libro... pero, ¡qué final tan diferente!

El esquema "yo – no tú"

Otro elemento que ayuda mucho en la discusión sinérgica es evitar utilizar la palabra "tú", sobre todo para ponerle sujeto a lo que no funciona o no ayuda o no permite llegar a una solución. El "tú", en este contexto, tiene una fuerte carga acusatoria. En cambio, se sugiere utilizar el "yo". En lugar de decir: "Es que tú eres muy distraído y esto no te interesa", cabría decir: "Esto me trae preocupada y creo que debemos dedicarle más atención". Con ese ligero cambio, el énfasis acusatorio se convierte en una percepción personal que, como tal, deja el beneficio de la duda a favor del otro.

Esto es especialmente aplicable cuando es evidente que la persona está fallando en algún aspecto. En lugar de acusarlo con un "Estás (tú) fallando en esto", quizá se le podría decir: "Tengo (yo) la impresión de que estás pasando por un momento difícil. ¿Puedo ayudarte en algo?".

Qué hacer ante un *impasse*

Un *impasse*, como ya se dijo, es una situación de estancamiento, donde no se "avanza" ni para adelante ni para atrás. Lo malo del *impasse* no es sólo que no se llega a una solución, sino que genera desgaste, estrés y, a veces, "conflicto armado".

Ya vimos que algunos *impasses* pueden resolverse con una solución del tipo "¿*Dónde estás?*" Otros *impasses* podrían resolverse afrontándolos de manera sinérgica, buscando reflexivamente alternativas que difieren de las posiciones originales y que pueden no percibirse a primera vista.

Sin embargo, también conviene recordar que no pocas discusiones jamás llegarán a una solución. Como ya se dijo, sólo 31% de las discusiones matrimoniales llegan a un acuerdo satisfactorio para ambos. Esto significa que en el resto de los casos, los esposos deberían contemplar la posibilidad real de la "no-solución" y aprender a *convivir con el desacuerdo.* De hecho, la capacidad de vivir en un *desacuerdo pacífico* forma parte del respeto a la otra persona. Por eso, del *impasse* al respeto no debería haber una gran distancia.

Frutos de la discusión sinérgica

Hay cuatro maneras de saber si una discusión ha sido verdaderamente sinérgica o no. Ante todo, si la solución final es mejor o superior a las alternativas originales presentadas por los esposos. En segundo lugar, en la discusión sinérgica no hay un ganador y un perdedor: los dos son ganadores, porque sigue la lógica del "ganar-ganar". De hecho, la lógica "ganar-perder", tarde o temprano se convierte en "perder-perder", porque las derrotas *se cobran* con el tiempo. En tercer lugar, la solución sinérgica da paz y serenidad para la pareja y a cada uno de los cónyuges. Finalmente, la solución sinérgica no es pasajera o momentánea —eso sería una solución de compromiso— sino que promete ser estable y duradera.

Incluso cuando no es posible llegar a una solución definitiva sobre un determinado tema, la discusión sinérgica es un excelente *ejercicio matrimonial,* en el que se alcanzan todos los demás beneficios de la discusión señalados al inicio de este libro: catarsis, vinculación, crecimiento, integración y fortaleza. De hecho, la discusión sinérgica es, como tal, una excelente señal de madurez en la pareja y presagio favorable de estabilidad y perseverancia.

18. TREGUA

La separación terapéutica

Qué es la separación terapéutica

Además de las crisis puntuales en la vida matrimonial, es normal que a veces la relación atraviese períodos o, incluso, temporadas de cansancio. El tiempo todo lo erosiona. También el amor sufre el desgaste y la erosión del tiempo. Renovar, reparar y reconstruir la relación es una necesidad ordinaria. Por lo demás, la relación misma evoluciona y se dan situaciones nuevas que exigen ajustes y maneras creativas de afrontarlas. En cualquier caso, las sequías y tormentas que se van sucediendo en la vida matrimonial, obligan a los esposos a acordarse de sus raíces y a absorber la savia de tierras más profundas.

Hay ocasiones, sin embargo, en que el nivel de tensión entre los esposos llega a ser tal que crea un círculo vicioso: tensión – desgaste – cansancio – más tensión – más desgaste – más cansancio... Se cicla la relación y provoca condicionamientos negativos; es decir, respuestas y reacciones defensivas, agresivas, críticas o evasivas, como vimos al hablar de los jinetes del apocalipsis matrimonial. Nunca como entonces ayuda tanto distanciarse un poco, hacer una tregua para reducir la tensión, serenarse y recuperar energías. Todo ello con el fin de reanudar la relación y el eventual conflicto con más calma y objetividad. Es lo que suelen llamar los consultores matrimoniales una *separación terapéutica.*

Modos y tiempos

A veces estas separaciones se dan de manera natural, sin tener que calificarlas con un nombre tan técnico: un viaje de negocios, una necesidad de los abuelos que implica que él o ella pase algunos días con ellos, abre un sano paréntesis en el conflicto. Al volver a casa, es más probable que ambos estén en mejores condiciones mentales, físicas y emocionales para retomar la discusión.

> Las grandes decisiones que salvan los matrimonios se fundan en la *voluntad* de amar; es decir, de *querer amar* al otro, aun cuando el sentimiento del amor esté ausente o sea contrario.

Otras veces, cuando el desgaste es más profundo y crónico, quizá haga falta una separación más prolongada. La decisión de separarse temporalmente debe ser un acuerdo mutuo, de manera que ninguno de los dos lo interprete como una huida del problema; menos aún, como un "ensayo" de divorcio. El objetivo de la separación, como se ha dicho, es de carácter curativo, no destructivo. Ambos deben tener esto muy claro en su mente al tomar la decisión. Por lo mismo, no procede separarse sin definir al menos tentativamente una duración, que ordinariamente no ha de superar el mes; tiempo razonable y suficiente para tranquilizarse, dejar reposar el problema y reponer energías.

Qué decir a los hijos

Los hijos tienen un olfato muy agudo para percibir cuando las cosas entre papá y mamá "no andan bien". Mucho más de lo que sus papás puedan pensar. Ello no obsta para que, llegada la decisión de separarse temporalmente, les expliquen lo que deben saber. Si son niños pequeños (hasta cinco o seis años) basta decirles que él o ella tendrá que ausentarse por dos o tres semanas y que luego volverá. Si son niños más grandes, lo más conveniente es explicarles que han decidido "darse un tiempo" para reflexionar sobre el problema que tienen. Es importante aclararles que ambos se aman y que están dispuestos a hacer todo lo que sea necesario para resolver las dificultades que han surgido en su matrimonio.

Mantener la comunicación

La separación no supone la incomunicación total. Más aún, es muy conveniente que sigan resolviendo juntos, aunque sea por teléfono, las exigencias familiares del día a día. Lo que han de evitar durante la separación es afrontar a distancia el problema o tema de fondo que ha generado la tensión. No hay que olvidar que "dejar reposar el problema" es, precisamente, una de las claves para que la separación sea terapéutica, es decir, curativa.

Lo mismo dígase de la comunicación con los hijos. Es muy recomendable que ambos sigan en estrecho contacto con ellos. Quizá el modo más sencillo y práctico es repartirse los momentos de convivencia, como pueden ser las llevadas y traídas del colegio o las salidas de fin de semana.

La reintegración

Pasado el tiempo de separación acordado, se debe volver a casa y restablecer la relación. Muchas veces el regreso se da de manera casi espontánea. Con frecuencia, los esposos llegan a extrañarse y a sentir la necesidad de estar juntos. Otras veces, quizá uno o los dos

> ¡Cuántos hogares han renacido a partir de lo que parecía cenizas!

sientan que "ya no existe el amor" y que todo ha muerto entre ellos. En tales casos, sin embargo, lo que ha desaparecido es el *sentimiento* del amor. Es entonces cuando suelen darse las grandes decisiones que salvan los matrimonios: las decisiones que se fundan en la *voluntad* de amar. Encontramos así otra notable diferencia entre los matrimonios exitosos y los fracasados: la voluntad de amar. Es decir, de *querer amar* al otro, aun cuando el sentimiento del amor esté ausente o sea contrario. Los esposos han de recordar que la afectividad —donde se fundan los sentimientos— es maleable. Y aunque no obedecen directamente a nuestra voluntad, terminan alineándose con ella. Si la voluntad decide amar a pesar de todo, el sentimiento, con el tiempo, la seguirá y renacerá. ¡Cuántos hogares han renacido a partir de lo que parecía cenizas! Ahora bien, hay que ayudar un poquito a la voluntad. En lo posible, conviene rodear el momento de la reintegración con todos los detalles que más ayuden a despertar la flama del amor. Quizá en lugar de volver sin más a casa, sea mejor verse en un restaurante para cenar con calma, en un ambiente agradable, expresar lo que han sentido durante el tiempo de separación, cómo ven las cosas, qué quisieran cambiar en la relación, etc. Y, terminada la cena, volver ambos a casa, con la conciencia de haber superado una prueba y estar, por lo mismo, fortalecidos.

Como es obvio, ello no significa haber resuelto todos los problemas. De hecho, las más de las veces no los habrán resuelto. Más bien, ahora están en condiciones de sobrellevarlos, de convivir con ellos; incluso de servirse de ellos para que su relación no continúe "a pesar de" sino "gracias a" esas dificultades. «La adversidad es una gran maestra», dice Santiago Álvarez de Mon[55]. Los grandes personajes de la historia se han hecho tales no sólo a pesar de las adversidades que han tenido que afrontar en su vida, sino también gracias a ellas, pues los han retado y obligado a sacar lo mejor de sí mismos, los han fortalecido, los han despertado y sacudido. Así se hacen también los grandes matrimonios.

---

55 S. Álvarez de Mon, *Desde la adversidad*, Prentice Hall, 2008

19. RECONSTRUYENDO

La renovación matrimonial

Qué es una renovación matrimonial

Todo lo que funciona requiere mantenimiento. La renovación matrimonial es un momento de reflexión, recuperación y reconstrucción del matrimonio. Consiste ordinariamente en un día completo o, cuando es posible, un fin de semana, en el que la pareja se aísla de las ocupaciones y presiones habituales para dedicarse por entero a reflexionar sobre el propio recorrido matrimonial.

La oferta de renovaciones matrimoniales es muy variada. Cada vez más instituciones —iglesias, movimientos familiares, institutos de consultoría y apoyo matrimonial, etc.— ofrecen retiros, talleres u otras dinámicas para la renovación matrimonial. Típicamente, la renovación matrimonial consta de algunas pláticas orientativas y, sobre todo, de espacios de evaluación personal y en pareja con cuestionarios que ayudan a centrarse en los temas fundamentales. También suele ofrecerse el apoyo de terapeutas o consultores matrimoniales para atender a las parejas que lo requieren.

En las instituciones y comunidades de carácter religioso, se da también espacio a la oración y al encuentro personal y en pareja con Cristo. Con el paso del tiempo y la necesidad de afrontar nuevas exigencias familiares se constata cada vez más la necesidad de la unión con Dios y del apoyo de su gracia. Ni la cabeza ni el corazón tienen a veces la luz y la fuerza necesarias para salir adelante. El recurrir a Dios, sobre todo a través de la oración y de los sacramentos, constituye, sin duda, el verdadero fundamento y la piedra angular de la perseverancia de no pocos matrimonios, como se verá en el siguiente capítulo. Bien dijo Jesús que hay que construir sobre roca firme y no sobre arena, si queremos que nuestra casa resista embates torrenciales y fuertes vientos[56].

Actitudes clave para una renovación matrimonial
Independientemente de la metodología que pueda ofrecerse en ciertos talleres o grupos matrimoniales, hay ciertas actitudes clave para aprovechar una renovación matrimonial. La primera de ellas es la conciencia de su *necesidad*. De hecho, cuanto más anquilosado esté un matrimonio, tanto menos suele sentir la necesidad de una renovación. Quien más lo necesita, menos lo busca. A veces hace falta una crisis, una conmoción o sacudida matrimonial para darse cuenta de que las cosas no van bien y exigen tomar ciertas medidas.

La segunda actitud es *creer* en la eficacia de la renovación. Los pensamientos pesimistas y las actitudes derrotistas pueden descartar de antemano cualquier beneficio. Muchos talleres y renovaciones matrimoniales se basan en la experiencia de que con frecuencia bastan pocos ajustes para modificar drásticamente la relación de pareja.

> Todo lo que funciona requiere mantenimiento.

La *apertura* es una actitud fundamental para el buen aprovechamiento de una renovación matrimonial. Quien no se abre ni es sincero al expresar lo que siente o vive en la relación, difícilmente llegará a un buen diagnóstico

---

56 *Mt* 7, 24-27

y, por lo mismo, a un buen tratamiento. Las renovaciones matrimoniales se configuran de tal modo que ofrecen espacios de confianza y tiempos para el *sinceramiento* mutuo. Esto, por doloroso que pueda resultar en un primer momento, suele ser el punto inicial de transformación. El sinceramiento mutuo es como un abrir las ventanas de par en par para que se airee la alcoba y salgan el mal espíritu y las predisposiciones rancias que pueden haber cargado el ambiente.

Una regla de oro en la vida matrimonial es nunca esperar a que el otro cambie para cambiar uno.

Finalmente, hace falta la *actitud de cambio* para ajustar lo que haya que ajustar. Una regla de oro en la vida matrimonial es nunca esperar a que el otro cambie para cambiar uno. Cualquier pareja que atraviese una dificultad ha de reconocer y aceptar que cada uno se preocupe de "hacer su tarea" y deje al otro hacer la suya. Porque no hay problema o crisis matrimonial en que el responsable sea sólo "el otro". De alguna manera, incluso en las fallas más evidentemente unilaterales —como puede ser una infidelidad—, el cónyuge afectado debe siempre preguntarse qué parte de responsabilidad puede tener en la falla del marido o de la esposa. Siguiendo el caso de la infidelidad, se sabe que no pocas veces ésta no es sólo causa, sino también consecuencia de un sentimiento de abandono, soledad y carencia afectiva.

Cada cuánto renovarse

Como recomendación general, conviene hacer la renovación matrimonial una vez al año. Estando sujeto el matrimonio a tantas presiones, fuerzas y desgastes de diferente naturaleza, no parece descabellado reservar uno de los 365 días del año a darle una "manita de gato" a la relación. El día de retiro o taller suele concluir con la renovación de las promesas o votos matrimoniales. Con el paso de los años se aquilata el precio de la fidelidad, de la confianza mutua, del mantenerse unidos en lo próspero y en lo adverso, en la salud y en la enfermedad, y amarse y respetarse todos los días de su vida. Sin duda, lo que de novios se prometieron tiene ahora un sentido mucho más vivo y concreto. El día de la boda no fueron, ciertamente, palabras huecas, se fundaron en un amor sincero y real. Sin embargo, su vida matrimonial ha ido llenando de contenido y densidad cada palabra, cada expresión de esas promesas. Por eso, al renovarlas anualmente, las promesas matrimoniales vibran de modo diferente, quizá con un tono más realista pero, al mismo tiempo, más satisfactorio.

20. PEDIR REFUERZOS

El poder de la oración

Necesitan de Dios

Todo matrimonio necesita de Dios. Después de todo, ¿no fue Él quien los unió? Es lo que dice el sacerdote inmediatamente después de que los novios pronuncian las palabras del consentimiento matrimonial en su boda: "Lo que Dios unió, que no lo separe el hombre". Ningún matrimonio es —o debería ser considerado— una "casualidad". En la mente de Dios no hay casualidades. Estoy convencido de que Dios pensó y soñó cada matrimonio desde toda la eternidad. Cada matrimonio es un proyecto de su Corazón.

Cuando una pareja de novios me pide que los case, en una primera sesión les digo: "Cuéntenme su historia". Obviamente, cada historia es diferente. Sin embargo, el patrón común es que en casi todas hubo no pocas "casualidades" —que algunos llaman justamente "diosidencias"—: una fiesta o reunión de amigos a la que uno de los dos no quería ir, un amigo común que los presentó, una avería mecánica en la calle, un contacto inesperado por motivos de trabajo, etc. Ya en retrospectiva, resulta fácil adivinar que hubo Alguien moviendo los hilos del destino para que el encuentro se diera y terminara en boda.

Ese Dios que los unió no los abandonará; los acompaña a lo largo de su vida matrimonial. Porque Él, que comenzó la obra buena en los esposos, la quiere llevar en plenitud hasta el final[57]. Por eso, su presencia en la vida matrimonial es viva y eficaz, y se manifiesta de innumerables maneras: como roca firme que los sostiene; como providencia que no permite que les falte el vino de la alegría; como faro de luz en medio de la oscuridad y la tormenta; como médico que cura y alivia sus penas; como juez misericordioso que les perdona cuando se han equivocado.

Este libro ha presentado un elenco de conocimientos, habilidades y actitudes para aprender a discutir bien en pareja. No significa que esto baste para superar todas las dificultades matrimoniales; a veces se precisa la ayuda de profesionales, y siempre, la de Dios. En otras palabras, hay que pedir refuerzos de "más arriba". Hay que orar.

Por qué orar

La oración es *fuente de luz* para la mente y el corazón, que entonces pueden ver y comprender todo desde una visión superior. «Quien sólo ve lo que sus ojos ven —decía el Papa Benedicto XVI— es un pobre ciego»[58]. La oración abre cada situación matrimonial a un horizonte más amplio y luminoso; le da a todo una perspectiva diferente.

La oración es *fuente de paz y estabilidad* anímica, indispensable para afrontar también cualquier adversidad con objetividad y madurez. La reacción espontánea ante la adversidad puede ser la turbación, el desasosiego, el miedo y, sobre todo, la incertidumbre, que tanto desgasta. La oración, en cambio, como fuente de fe y confianza en Dios, permite a los matrimonios "caminar sobre las aguas", como le permitió Jesús a Pedro en la medida en que éste tuvo fe en Él. Cierto que Pedro, asustado por la fuerza del viento y el oleaje, perdió

---

57 Cf. *Fil* 1, 6

58 Cf. Benedicto XVI, *Dios y el mundo - entrevista con Peter Sewald*, p. 16

la confianza y empezó a hundirse. Se dio entonces en él un reflejo instintivo de oración y gritó: «¡Señor, sálvame!». Jesús, tendiendo la mano, lo agarró y le dijo: «Hombre de poca fe, ¿por qué dudaste?»[59]. Muchos matrimonios podrían, sin duda, caminar sobre sus problemas y dificultades sin hundirse si confiaran más en Jesús y se asustaran menos de la fuerza del viento y del oleaje.

La oración es *fuente de amor*, indispensable para aceptar y asimilar las situaciones que no se pueden cambiar. El matrimonio, como vimos, es el destello más vivo y concreto del amor de Dios en la Tierra. La mayoría de los conflictos matrimoniales no tiene solución. O, mejor, requieren de una solución superior, de otra categoría: la *solución del amor*, que es capaz de aceptar y ofrecer a Dios lo que no tiene solución.

Qué es orar

La oración es un recurso muy sencillo, que pone en contacto a cada persona con Dios. Orar no es sólo rezar ciertas oraciones o recitar jaculatorias. Orar *es hablar con Dios*. Es abrirle el corazón a Dios con toda confianza, señalándole lo que nos duele, inquieta o preocupa; lo que incluso nos trastorna o enferma. Orar es saber "quejarse" con Dios. Sobran ejemplos en la Biblia de grandes personajes que se han quejado con Dios. Moisés, Jeremías, y hasta el mismísimo Jesús, se quejaron en la oración por lo que estaban viviendo. Con muchísima mayor razón los esposos tienen derecho a "quejarse con Dios". Es un gran desahogo. No resuelve nada fuera, pero sí resuelve mucho dentro al permitir al corazón compartir con Alguien las penas que se llevan dentro.

Existen muchas definiciones y maneras de orar. Normalmente se distinguen tres: la oración vocal, que consiste

---

59 *Mt* 14, 30-31

en tomar oraciones o fórmulas preelaboradas y recitarlas de modo que uno se identifique con ellas; la oración mental o meditación, que consiste en tomar un texto de la Sagrada Escritura o de algún libro espiritual y reflexionarlo en diálogo con Dios; finalmente está la oración contemplativa, que consiste no tanto en pensar o reflexionar, sino en permitir que Dios "impacte" el propio corazón con una escena evangélica o la contemplación de un atributo de Dios —su bondad, su sabiduría, su misericordia, etcétera.

"Familia que reza unida, permanece unida" (Patrick Payton).

El Catecismo de la Iglesia Católica dedica la cuarta parte al tema de la oración. Ahí sintetiza con una frase de santa Teresa de Lisieux lo que es la oración: «Para mí, la oración es un impulso del corazón, una sencilla mirada lanzada al cielo, un grito de agradecimiento y de amor lo mismo desde la prueba como desde la alegría»[60].

Orar juntos

Ahora bien, si la oración personal es eficaz, habría que decir que es aún más eficaz la que se hace en pareja. Los esposos que oran juntos tienen un excelente pronóstico. No porque no tengan problemas, debilidades y tropiezos, como los demás; sino porque tienen una "salida de emergencia" para cualquier situación. «Os aseguro también que si dos de ustedes se ponen de acuerdo en la Tierra para pedir algo, sea lo que fuere, lo conseguirán de mi Padre que está en los cielos. Porque donde están dos o tres reunidos en mi nombre, allí estoy yo en medio de ellos»[61]. ¿Acaso puede un matrimonio escuchar una promesa más consoladora que ésta? Basta que se pongan de acuerdo para orar y pedir "lo que fuere", y lo conseguirán, si es para

---

60 *Catecismo de la Iglesia Católica*, n. 2558

61 *Mt* 18, 19-20

su bien. Tengo la sospecha de que al decir Jesús esto: "Cuando dos o tres...", estaba pensando, sobre todo, en el matrimonio y la familia; es decir, en ese núcleo social fundamental, el primero que constituye un *nosotros*. De ahí el valor de la célebre exhortación del predicador Patrick Payton: "Familia que reza unida, permanece unida".

> Tan importante es que los padres *hablen de Dios* a sus hijos como el que los hijos vean a sus padres *hablar con Dios*.

La gracia de estado

La oración matrimonial, finalmente, pone de relieve un elemento clave que pocos matrimonios suelen recordar en el día a día: la *gracia de estado*. El día de su boda, no sólo los esposos hicieron un compromiso recíproco: Dios se comprometió con ellos. Al casarse por la Iglesia no cumplieron una mera formalidad canónica, sino que metieron de lleno a Dios en la relación. Ahora no son dos, sino tres los que inician el camino. El matrimonio es —nunca mejor dicho— un verdadero "triángulo amoroso".

El sacramento del matrimonio, como los demás sacramentos, confiere a los esposos la *gracia sacramental*. Esta gracia es un auxilio de Dios, quien no sólo *crea* el vínculo matrimonial sino que lo *re-crea* constantemente. Dios sostiene con su gracia cada paso que los esposos dan en el tiempo a lo largo de su camino matrimonial. La gracia de estado es el auxilio particular por el que Dios los habilita para realizar su misión de esposos y padres de familia y cumplir sus *deberes de estado*, es decir, el conjunto de obligaciones, atribuciones y prerrogativas propias de su estado matrimonial.

A veces da la impresión que los matrimonios navegan por la vida a fuerza de remos. Y así avanzan muy lentamente a través de sus problemas, porque se fían sólo de sus fuerzas y capacidades personales, sin percatarse de que su barca tiene un mástil y una vela. Si la desplegaran, avanzarían "viento en popa a toda vela" —pues el viento de Dios siempre es favorable para quienes saben que Él siempre los lleva al mejor puerto—. La oración es, en cierto modo, desplegar la vela y permitir que la gracia de estado actúe, empujando su barca y cambiando, si hiciera falta, drásticamente la dirección.

Cómo y cuánto orar
Todo ser humano necesita hablar con Dios. Esto no es sólo una necesidad espiritual; también psicológica y emocional. Cualquier persona debería dedicar entre diez y quince minutos al día a la oración espontánea con Dios. Lo mismo cabría decir a los matrimonios: entre diez y quince minutos al día para conversar juntos con Dios debería ser un recurso básico. El modo de hacerlo puede ser muy variado. Hay quienes prefieren de rodillas. Otros prefieren ya acostados, tomados de la mano o, incluso, abrazados. Lo que a Dios más le interesa es que le hablen, le comenten el día, le hagan quizá un breve pero honesto balance de aciertos y errores, de logros y tropiezos; que le comenten, sobre todo, sus preocupaciones y dificultades no resueltas, y que hagan un acto consciente y deliberado de abandono en sus manos providentes. Quizá nunca logremos imaginar la conmoción del Corazón de Dios al ver y escuchar a un hijo y a una hija que se dirigen juntos a Él en estas actitudes. Una cosa es segura: ni el más leve suspiro que salga de labios de los esposos se perderá en el vacío o quedará sin respuesta. Por más que las respuestas de Dios no sean siempre las esperadas, Él sabrá cómo y cuándo remediar sus problemas, si aprenden a dejar todo en sus manos al tiempo que ponen las propias para resolverlos.

Hacia una pedagogía de Dios
La oración de los esposos no es sólo necesidad; es también escuela para sus hijos. La familia, enseña el Concilio Vaticano

II, es una "iglesia doméstica"[62]. Es el espacio donde los hijos descubren a Dios, cuyo rostro se transfigura en el rostro de papá y mamá, mediante sus gestos de amor. Como ya se dijo, el amor de los padres muestra toda su fecundidad no sólo en la procreación, sino también en la educación de los hijos. Y, en particular, la *educación en la fe* de los hijos constituye la más alta educación. Dios mismo toma parte en esa educación actuando personalmente en cada hijo con su gracia. Como escribió Karol Wojtyla, «el material de la educación comporta también lo que Dios le añade de sobrenatural, de gracia»[63]. De ahí la importancia de no retrasar el sacramento del bautismo, dado que es el inicio de la vida de gracia para cada hijo y la "puerta" de todos los sacramentos.

Dice también san Pablo que la fe se recibe "a través del oído"[64]. Los padres, como primeros educadores de sus hijos en la fe, hablándoles de Dios les entregan el más grande tesoro después del don de la vida. Pero tan importante es que los padres *hablen de Dios* a sus hijos como el que los hijos vean a sus padres *hablar con Dios*. Los esposos que oran muestran a sus hijos la existencia de un Padre más grande que ellos y de un destino al cual se dirigen todos como familia: el cielo. Los esposos cristianos no pueden concebir un sueño más grande y dorado que el de la salvación eterna de sus hijos. Entonces, y sólo entonces, su matrimonio habrá valido la pena.

---

62 Concilio Vaticano II, *Lumen Gentium*, n. 11

63 K. Wojtyla, *Amor y responsabilidad*, Palabra, p. 87

64 Cf. *Rm* 10, 17

CONCLUSIÓN

Discutir no es malo; lo malo es discutir mal. Ésta es la tesis central de este libro. Por eso, cada capítulo ha querido mostrar no sólo por qué discuten los esposos sino también por qué es bueno que lo hagan. Se revisaron, además, los grandes temas de discusión y las tonteras de todos los días, vertiendo algunas ideas generales sobre cada tema para que las parejas discutan con bases más firmes y horizontes más abiertos. Por último, se propuso una serie de actitudes, habilidades y recursos prácticos para incrementar la calidad y disminuir el desgaste al discutir.

De este modo, quedaron cubiertos los elementos esenciales de la discusión como fenómeno de comunicación humana: los esposos (interlocutores), los contenidos (fondo), y los modos de discutir (forma). Queda ahora a los esposos la tarea de ir asimilando y aplicando estas propuestas. Lo aquí dicho no es, ciertamente, "Palabra de Dios" pero sí fruto de una larga experiencia acompañando a no pocos matrimonios, y del estudio y la reflexión personal que he dedicado al arte de discutir en pareja.

Es verdad que ningún arte se aprende de un día para otro. Se requiere el ejercicio decidido, paciente y tenaz para ver resultados. Por eso conviene empezar cuanto antes y llevar a la vida real las conclusiones prácticas de cada capítulo.

No hay ninguna magia detrás de ellas; sólo experiencia y realismo. Con más frecuencia de lo que se cree, pequeños cambios pueden producir mejoras sorprendentes en cualquier relación humana; no digamos en el matrimonio. Cuanto escribí en la conclusión de mi libro *Vicios y virtudes*, vale también para la vida matrimonial: siempre habrá nuevas derrotas y decaimientos. El éxito está en levantarse y *volver a empezar*. Y así como hay dos tipos de hombres también hay dos tipos de matrimonios: los que al caer se hacen pedazos y se quedan así, lamentando su infortunio; y los que se levantan, recogen sus pedazos y siguen viviendo. Todo matrimonio, para crecer, madurar y perseverar en medio de las dificultades, necesita asimilar la sabiduría del *volver a empezar*. Porque, con el amasijo de limitaciones, debilidades y contradicciones que cada uno aporta a la pareja, *volver a empezar* no es sólo el camino correcto, es el único.

Confío el fruto de este libro al Espíritu Santo. Él es el Maestro Interior que guía, sana, consuela y enciende cada corazón. Sin duda, Él sabrá mejor que nadie orientar y aportar a la pareja la prudencia necesaria para saber qué pensar y qué esperar de su matrimonio, qué decir y qué callar, qué hacer y qué evitar.

El cometido de este libro no es aprender a *resolver conflictos* sino aprender a *aprovechar las discusiones* para acrecentar, consolidar y madurar la relación. Siguiendo el principio de que discutir no es sinónimo de pelear, sino de vincular, desahogar, enriquecer y crear sinergias en el matrimonio. Desde esta perspectiva, el objetivo de este libro ha sido que las parejas discutan cada vez más y peleen cada vez menos. Así su matrimonio no sólo tendrá un mejor pronóstico, sino que será una mejor escuela para sus hijos y ofrecerá un testimonio más visible ante los demás de que los buenos matrimonios siempre son posibles.

Bendigo de corazón a los esposos y a los novios que han leído este libro y oro por ellos para que sepan cada vez más *por qué, de qué* y *cómo discutir.*

CPSIA information can be obtained at www.ICGtesting.com
Printed in the USA
LVOW05s0258270315

432136LV00003B/3/P